特色小镇与PPP

热点问题 商业模式 典型案例

陈青松　任兵　王政 编著

中国市场出版社
China Market Press
·北　京·

图书在版编目（CIP）数据

特色小镇与PPP：热点问题 商业模式 典型案例 / 陈青松，任兵，王政编著. —北京：中国市场出版社，2017.9

ISBN 978-7-5092-1570-8

Ⅰ. ①特… Ⅱ. ①陈… ②任… ③王… Ⅲ. ①城镇经济－融资模式－研究 Ⅳ. ①F29

中国版本图书馆CIP数据核字（2017）第180504号

特色小镇与PPP：热点问题 商业模式 典型案例

TESEXIAOZHEN YU PPP: REDIAN WENTI SHANGYE MOSHI DIANXING ANLI

陈青松 任兵 王政 编著

责任编辑：白 琼（qiongbaiace@126.com）

出版发行：中国市场出版社 China Market Press

地 址：北京市西城区月坛北小街2号院3号楼（100837）

电 话：编 辑 部（010）68032104 读者服务部（010）68022950

总 编 室（010）68020336 盗 版 举 报（010）68020336

发 行 部（010）68021338 68020340 68053489

68024335 68033577 68033539

经 销：新华书店

印 刷：河北鑫兆源印刷有限公司

规 格：170毫米×240毫米 16开本

印 张：22.75 **字 数**：400千字

版 次：2017年9月第1版 **印 次**：2017年9月第1次印刷

书 号：ISBN 978-7-5092-1570-8

定 价：68.00元

前言

当下，特色小镇正在全国各地发酵。政策春风吹拂之下，特色小镇建设方兴未艾。

从 2016 年下半年开始，特色小镇在我国呈蓬勃发展的态势：从东南的浙江、江苏，到华北的北京、河北，再到中部地区的安徽、江西、河南，各地都在积极筹划特色小镇建设。科技小镇、金融小镇、基金小镇、文旅小镇、互联网小镇等特色小镇找准定位，纷纷借势而为，顺势而起。

调研发现，目前我国已经建成或正在建设的数以百计的特色小镇中，有的以旅游特色见长，有的靠现代产业取胜，有的则以文化娱乐吸引八方来客……虽然不同的特色小镇具有不同的特质，但都有一个根本的相同点，这也是其他非特色小镇所不具备的：依靠自身资源禀赋和特色资源找准自身产业定位，通过挖掘、发展产业特色，解决当地劳动人口就业，实现经济转型和产业结构调整。

特色小镇是我国经济发展进入新常态、大力推行新型城镇化背景下的新举措和新模式。之所以中央甫一出台政策特色小镇建设就立即得到各级地方政府的广泛响应，主要有两个原因：一是从政策层面看，特色小镇与当前我国主推的生态文明建设、经济转型和产业结构调整、新型城镇化、供给侧改革、政府和社会资本合作（PPP）有着密切的关系，是各类政策集中支持的一个“黄金结合点”，换句话说，特色小镇处在各类政策暖风的“风口”下；二是从宏观经济来看，特色小镇建设在投资、消费、解决就业问题等方面优势明显，对拉动我国经济增长起到了重要的作用。总体来看，培育发展特色小镇，有利于推动我国经济转型升级，有利于促进大中小城市和小城镇协调可持续发展，有利于发挥城镇化对新农村建设的辐射带动作用，还有利于推进我国的供给侧结构性改革。

可以说，发展特色小镇对我国而言具有现实的意义。正如住建部村镇建设司相关负责人所言，发展特色小镇，不仅有利于促进特色鲜明的产业形态发展，增强小镇吸纳周边农村剩余劳动力就业的能力，同时也有利于改善村镇基础设施，彰显当地传统文化特色，有效带动村镇经济社会文化协调发展。

自2016年以来，中央和地方政府都出台了大力推进特色小镇发展的政策，“特色小镇”成为当前各方关注的热词。“特色小镇”概念，国内最早兴起于东部地区的浙江省，经国家政策大力推广后在全国迅速发展。“十三五”规划和中央经济工作会议提出“发展特色小镇”。

可以预见，未来的中国大地上，无论是经济发达、产业基础扎实的东南沿海，还是山清水秀、产业底蕴深厚的中部省份，抑或环境优美、经济蓄势待发的西部地区，都将涌现一大批产业特色鲜明、人文气息浓厚、生态环境优美、多功能叠加融合、体制机制灵活的特色小镇。这些被赋予新时代内涵的小镇将彻底改变目前我国乡镇经济社会发展的格局，为我国的新型城镇化添上浓墨重彩的一笔。放眼未来中国的经济版图，这些具有浓厚中国特色和中国文化的特色小镇将犹如点缀美丽夜空的星星，闪亮而耀眼。

本书对特色小镇的缘起、特点、作用、商业模式以及存在的困难等诸多方面进行了深入的介绍、梳理和研究，尤其是对国内成功的特色小镇案例进行了重点分析，同时对国外发达国家在特色小镇建设方面的先进经验进行了介绍。本书既有特色小镇建设的宏观理论研究，也有具体的特色小镇典型案例，将案例分析融合到理论研究中，对行业人士研究和参与特色小镇发展具有较大的借鉴意义。

本书可供相关政府决策部门、各类社会资本、各类金融机构和投资主体，以及研究、操作特色小镇的专业人士、企业高管等广大群体参考。

2017 年夏

目 录

04 特色小镇“携手”PPP模式

05 科学发展特色小镇

08 国内特色小镇经典案例解读

09 特色小镇全球样板

01
特色小镇处于风口

忽如一夜春风来，千树万树梨花开。始创于浙江省的特色小镇当下已在全国成为热点。在国家多项政策红利的推动下，特色小镇建设成为我国经济领域的焦点。

发展特色小镇上升为国家战略

近两年，特色小镇在我国兴起并迅速升温。

2015 年 5 月，习近平总书记在考察浙江时，对特色小镇给予了充分肯定；在中央经济工作会议上，总书记大段讲述特色小镇，梦想小镇、云栖小镇、黄酒小镇等一一被点到……伴随着中央的认可与推广，特色小镇在全国迅速推广。2016 年 7 月，住房和城乡建设部、国家发展改革委、财政部联合颁布《关于开展特色小镇培育工作的通知》（建村〔2016〕147 号，以下简 称《特色小镇培育通知》），明确提出，到 2020 年，要在全国培育 1 000 个特色小镇。

国务院总理李克强在 2017 年的《政府工作报告》中提出，“优化区域发展格局，支持中小城市和特色小城镇发展”。这是“特色小镇”首次被写入《政府工作报告》，也意味着发展特色小镇已经上升为国家战略。

国家提出发展特色小镇战略的背景

我国发展特色小镇具有深刻的历史和现实背景，特色小镇的兴起具有必然性。

经济转型和产业结构升级的需要

近几年，国内外经济形势发生了很大的变化。多年来助推我国经济迅速增长的投资和出口都不同程度地放缓，我国经济发展步入新常态。传统的以破坏环境为代价的粗放式发展模式和低成本、低效率、低收益的劳动密集型产业很难实现可持续发展，事实上也与当前世界经济特点格格不入，与我国大力倡导的“绿色”发展理念不相符合。

因此，我国大力进行经济转型和产业结构升级势在必行。而特色小镇集特色产业、技术研发、人文环境、社区功能等于一体，与当今国际经济“绿色经济、低碳经济、循环经济”的发展趋势相吻合，有利于我国实现经济转型和产业结构升级。

新型城镇化建设的需要

目前，我国正在大力推进新型城镇化建设。不过，在建设的过程中遇到不少现实问题，如大城市交通拥堵、环境污染严重，中小城市缺乏竞争优势，导致人才流失，发展缓慢。正如中国政策科学研究会执行会长郑新立在接受《经济》杂志采访时所指出的，我国正处在城镇化快速推进的过程中，2015 年我国城镇化率已达 56.1%。城镇化是现阶段经济增长的最大动力源泉。由于城镇化很大程度上是在各地经济发展的过程中自然形成的，缺乏明晰的战略规划引导，也带来了一些新的矛盾和问题，较为突出的有三点：一是部分大城市及特大型城市交通拥堵、空气污染、房价畸高，制约了城市的可持续发展；二是常住人口和户籍人口形成二元格局，既不利于培育稳定、高素质的产业工人队伍，又造成了新老居民之间基本权益的不平等；三是城市结构、布局不合理，城市总量明显偏少，大城市、特大型城市由于吸引要素的能力强、就业机会多而迅速膨胀，中小城市（特别是小城镇）由于吸纳就业的能力弱而发展缓慢、数量偏少，中西部地区尤为明显。在城市群内，行政区划常常扭曲资源的合理配置，造成经济发展的巨大落差。

因此，特色小镇建设是承接大城市功能的着力点，是推进城乡一体化的突破口，是改善村镇人居环境的抓手，是我国新型城镇化建设的带动力量。具体来说，此前我国城镇化建设主要依靠产业园区、城市综合体和大型社区开发，其弊端是要么“有业无居”，要么“有居无业”（最典型的是“睡城”[1]现象），可持续性不强，吸引力不够。而随着产业特色突出、绿色生态、环境优美、宜居宜业的特色小镇的建成，将吸纳城市优势产业、优质资本和优秀人才，缓解大城市的交通、就业、住房等问题，从而承接了城市建设的新动能。一方面，促进城乡各要素互动，实现区域联动融合发展，形成“设施互通、产业互融、功能互补”的城乡一体化发展格局；另一方面，特色小镇加速推进村镇配套基础公共服务设施的建设，如村镇道路、河道治理、污水处理、垃圾处理，从而改善村镇人居环境，提高人民的生活水平。

小镇实现更好发展的需要

对于培育特色小镇的原因，国家发展改革委城市和小城镇改革发展中心总规划师、规划院院长沈迟指出，培育特色小镇的主要目的是促进有条件的镇更好地发展。由于一些体制机制的限制，一些小镇无法顺利参与到市场

---

[1] “睡城”主要指大城市周边的大型社区或居民点，这些人口相对集中的区域，由于缺乏如衣食住行、商业休闲、教育娱乐等区域功能成熟的城市配套，人口虽大量入住，但局限于晚上回家睡觉，白天照样需要赶往市中心上班或满足其他需求。

化竞争中，因此挖掘一部分有潜力、有特色的小镇，通过某些产业的发展不仅可以带动经济的发展，也可以吸纳小镇周边的一部分农村劳动力就业。

我国特色小镇发展的四个阶段

公开资料显示，改革开放以来，我国特色小镇经历了四个发展阶段：第一阶段即小镇 + “一村一品”，当时的小镇是为农村、农业、农民服务的，是农业产前、产中、产后服务的基地；第二阶段即小镇 + 企业集群，以浙江为主要发源地，该省大多数小镇都有一个企业集群，而且这些企业集群所生产的产品都能进入全球产业链，因此浙江经济后来居上；第三阶段即小镇 + 服务业，如旅游休闲、历史文化特色等；第四阶段即小镇 + 新经济体，是特色小镇进入城市生态圈的新阶段，特色小镇以形态、产业构成、运行模式等方面的创新，成为城市修补、生态修复、产业修缮的重要手段。

发展特色小镇的重要意义

对社会和经济发展的意义

当前形势下，推进建设特色小镇具有重大的意义。

2016年10月底，国家发展改革委发布了《关于加快美丽特色小（城）镇建设的指导意见》（发改规划〔2016〕2125号），指出发展美丽特色小（城）镇是推进供给侧结构性改革的重要平台，是深入推进新型城镇化的重要抓手，有利于推动经济转型升级和发展动能转换，有利于促进大中小城市和小城镇协调发展，有利于充分发挥城镇化对新农村建设的辐射带动作用。

在新型城镇化建设的当下，我国已经进入城乡要素资源双向流动的新阶段，农村要素（劳动力等）向城市转移。与此同时，城市要素（资本、技术等）也开始向农村转移。北京市社会科学院副院长赵弘指出，一方面，让农村更多的优质资源就近向特色小镇集中，形成特色化产业集群，促进当地产业结构的升级和优化，促进镇域经济发展；另一方面，让更多的农民就近就业，就近生活，就近购房置业，缩短就业和居住的空间距离，让他们有更多的条件和机会关注家庭，关注老人和孩子，享受应有的家庭生活，提高他们的生活质量。因此，大力推动特色小镇建设具有重要的社会和经济意义。

大力建设特色小镇，将促进我国传统制造行业的产业转型升级，实现供给侧改革，改善有效供给不足和消费需求外溢。近几年，拉动经济增长的“三驾马车”中，投资和出口增速明显放缓，而内需拉动也不足。

事实证明，我国不是没有需求或者需求不足，而是广大消费者的需求变了，即“消费升级”了，而产业没有升级。国内供给的产品质量和服务无法满足消费者的需求。在这种情况下，大量需求“外溢”，最明显的是媒体报道的中国消费者海外“扫货”现象：在国外的机场、免税店，排着长队的往往是中国的消费者，名牌手表、名牌衣服、化妆品甚至马桶盖都被中国消费者抢断货。[1]

对地方政府的意义

特色小镇正成为我国新的创新驱动和经济增长点，尤其是对区域经济发展而言，特色小镇扮演“发动机”的角色。

对地方政府而言，特色小镇建设有四个方面的重要意义：一是特色小镇讲求“小而精”，因此可以在有限的空间里充分融合当地具有特色的产业、旅游、文化和社区功能，提高地方的生产力布局和综合效益[2]；二是有助于促进当地产业转型升级，通过打造战略性新兴产业或者历史

[1] 据公安部数据，2016 年中国公民出境人数为 1.37 亿人次，中国多年位居全球第一大出境旅游客源国。据公开消息，2016 年中国出境游花费达 1 098 亿美元（约 7 600 亿元人民币）。

[2] 统计数据显示，2015 年，浙江省 37 个省级特色小镇税收收入超过 50 亿元，全年旅游接待人数超过 2 700 万人次，平均每个特色小镇近 75 万人次。

经典产业，将小镇打造成集产业、资本、技术、人才等各类要素于一体的创新创业新平台；三是有助于城乡统筹和加快新型城镇化建设的速度，通过“生产、生活、生态”三生融合，形成宜居、宜业、宜游的生态圈，改善人居环境，提高人民生活水平；四是解决周边劳动力人口就业，实现经济良性发展，税收稳步增加。

特色小镇迅速崛起

当下，“特色小镇”一词很火。火到什么程度呢？用一句话概括：从中央各部委到各地方政府，从传统产业到新兴产业，从实体企业到金融机构（银行、基金公司、信托公司、证券公司、保险公司等），从投资者到中介机构……几乎个个言必称“特色小镇”。

2015 年年底，国家领导人先后对特色小镇和小城镇建设做出重要批示。2016 年以来，中央和地方已经多次发文强调推进特色小镇的建设。“经济发展，政策先行”这一定律同样适用于特色小镇的建设。

特色小镇发展顶层设计出台

2016年2月，国务院发布《关于深入推进新型城镇化建设的若干意见》（以下简称《意见》），《意见》指出，加快培育中小城市和特色小城镇，提升县城和重点镇基础设施水平，加快拓展特大镇功能，加快特色镇发展，培育发展一批中小城市，加快城市群建设。

2016年7月，住建部、国家发展改革委、财政部联合颁布《关于开展特色小镇培育工作的通知》（建村〔2016〕147号，以下简称《特色小镇培育通知》），决定在全国范围开展特色小镇培育工作。《特色小镇培育通知》的指导思想是全面贯彻党的十八大和十八届三中、四中、五中全会精神，牢固树立和贯彻落实创新、协调、绿色、开放、共享的发展理念，因地制宜、突出特色，充分发挥市场主体作用，创新建设理念，转变发展方式，通过培育特色鲜明、产业发展、绿色生态、美丽宜居的特色小镇，探索小镇建设健康发展之路，促进经济转型升级，推动新型城镇化和新农村建设。《特色小镇培育通知》有三个基本原则：一是坚持突出特色。从当地经济社会发展实际出发，发展特色产业，传承传统文化，注重生态环境保护，完善市政基础设施和公共服务设施，防止“千镇一面”。依据特色资源优势和发展潜力，科学确定培育对象，防止一哄而上。二是坚持市场主导。尊重市场规律，充分发挥市场主体作用，政府重在搭建平台、提供服务，防止大包大揽。以产业发展为重点，依据产业发展确定建设规模，防止盲目造镇。三是坚持深化改革。加大体制机制改革力度，创新发展理念，创新发展模式，创新规划建设管理，创新社会服务管理。推动传统产业改造升级，培育壮大新兴产业，打造创业创新平台，发展新经济。《特色小镇培育通知》提出，到 2020 年，培育 1 000 个左右各具特色、富有活力的休闲旅游、商贸物流、现代制造、教育科技、传统文化、美丽宜居等特色小镇，引领带动全国小城镇建设。

2016 年 10 月底，国家发展改革委发布了《关于加快美丽特色小（城）镇建设的指导意见》（发改规划〔2016〕2125 号），为建设完善特色小镇提供了更新更全面的指导意见。在特色小镇建设政策推动之下，国内一大批特色小镇如文旅小镇、科技小镇、商业小镇、基金小镇、金融小镇等纷纷涌现并蓬勃发展（见表 1–1）。

表 1-1　国家支持特色小镇发展的政策

发布时间	文件名称	主要内容
2016 年 2 月	《关于深入推进新型城镇化建设的若干意见》（国务院发布）	加快培育中小城市和特色小城镇，提升县城和重点镇基础设施水平、加快拓展特大镇功能、加快特色镇发展、培育发展一批中小城市、加快城市群建设。
2016 年 7 月	《关于开展特色小镇培育工作的通知》（住建部、国家发展改革委、财政部联合发布）	计划到 2020 年培育 1 000 个左右各具特色、富有活力的休闲旅游、商贸物流、现代制造、教育科技、传统文化、美丽宜居等特色小镇，引领带动全国小城镇建设。特色小镇要坚持突出特色，防止“千镇一面”和一哄而上；坚持市场主导，政府重在搭建平台、提供服务，防止大包大揽，以产业发展为重点，依据产业发展确定建设规模，防止盲目造镇；坚持深化改革，培育壮大新兴产业，打造创业创新新平台，发展新经济。
2016 年 8 月	《关于做好 2016 年特色小镇推荐工作的通知》（住建部发布）	根据各省（自治区、直辖市）经济规模、建制镇数量、近年来小城镇建设工作及省级支持政策情况，确定 2016 年各省推荐数量。
2016 年 10 月	《关于加快美丽特色小（城）镇建设的指导意见》（国家发展改革委发布）	明确建设美丽特色新型小（城）镇，必须坚持创新探索，防止出现蹈常袭故的现象，并分别从总体要求到分类施策、突出特色、发展动能、建设设施、增加公共服务、引领绿色理念、多元化建设主体、拓展要素配置、创新机制等十个方面的具体执行进行了详细的规范阐述。

续表

发布时间	文件名称	主要内容
2016 年 10 月	《关于推进政策性金融支持小城镇建设的通知》（住建部和中国农业发展银行联合发布）	充分阐述了政策性金融在小镇建设中的作用，并在支持范围、贷款项目库、项目管理等方面做出了明确的要求。
2016 年 10 月	《关于公布第一批中国特色小镇名单的通知》（住建部发布）	在各地推荐的基础上，经专家复核，会签国家发展改革委、财政部，认定北京市房山区长沟镇等 127 个镇为第一批中国特色小镇。
2016 年 12 月	《关于实施"千企千镇工程"推进美丽特色小（城）镇建设的通知》（国家发展改革委发布）	指出"千企千镇工程"是根据"政府引导、企业主体、市场化运作"的新型小（城）镇创建模式，搭建小（城）镇与企业主体有效对接平台，引导社会资本参与美丽特色小（城）镇建设，促进镇企融合发展、共同成长。
2017 年 1 月	《关于推进开发性金融支持小城镇建设的通知》（住建部和国家开发银行联合发布）	指出小城镇是新型城镇化建设的重要载体，是促进城乡协调发展最直接最有效的途径，在推进经济转型升级、绿色低碳发展和生态环境保护等方面发挥着重要作用。支持以农村人口就地城镇化、提升小城镇公共服务水平和提高承载能力为目的的设施建设。支持促进小城镇产业发展的配套设施建设。支持促进小城镇宜居环境塑造和传统文化传承的工程建设。

续表

发布时间	文件名称	主要内容
2017 年 4 月	《关于推进商业金融支持小城镇建设的通知》（住建部和中国建设银行联合发布）	（一）加大信贷支持力度。中国建设银行将统筹安排年度信贷投放总量，加大对小城镇建设的信贷支持力度。对纳入全国小城镇建设项目储备库的推荐项目，予以优先受理、优先评审和优先投放贷款。（二）做好综合融资服务。充分发挥中国建设银行集团全牌照优势，帮助小城镇所在县（市）人民政府、参与建设的企业做好融资规划，提供小城镇专项贷款产品。根据小城镇建设投资主体和项目特点，因地制宜提供债券融资、股权投资、基金、信托、融资租赁、保险资金等综合融资服务。（三）创新金融服务模式。中国建设银行将在现有政策法规内积极开展金融创新。探索开展特许经营权、景区门票收费权、知识产权、碳排放权质押等新型贷款抵质押方式。探索与创业投资基金、股权基金等开展投贷联动，支持创业型企业发展。

地方政府积极出台相关政策

国家部委出台特色小镇建设政策，各级地方政府对建设特色小镇热情高涨，相继推出有关特色小镇建设的实施细则或者指导意见，明确了建设任务、目标以及规划等。2014 年，浙江率先提出"特色小镇"的概念。2015 年 5 月，浙江省政府率先出台了《浙江省人民政府关于加快特色小镇规划建设的指导意见》（浙政发〔2015〕8 号），提出重点培育和规划建设 100 个左右的特色小镇。随后，广东、江苏、河北、贵州、福建等地方政府也相继出台推进特色小镇发展的相关指导意见。截至 2017 年 1 月，北京、山东、浙江、江苏、天津、广东、河北、四川、陕西、甘肃、福建、贵州等多个省（直辖市）都已经出台了关于特色小镇的政策，内容主要包括特色小镇建设数量、建设目标、建设方式、重要作用、支持政策等（见表 1–2）。

表 1–2　地方发展特色小镇的规划目标和政策

省份	主要内容
浙江省	浙江特色小镇建设已经取得阶段性成果，走在全国各省份的前列。目前，浙江省已经公布了两批 79 个特色小镇省级创建对象，51 个省级特色小镇培育对象。出台了《浙江省人民政府关于加快特色小镇规划建设的指导意见》（浙政发〔2015〕8 号），明确了特色小镇规划建设的总体要求、创建程序、政策措施、组织领导等内容。按照深化投资体制改革要求，采用"宽进严定"的创建方式推进特色小镇规划建设。重点培育和规划建设 100 个左右特色小镇，分批筛选创建对象。力争通过 3 年的培育创建，规划建设一批产业特色鲜明、体制机制灵活、人文气息浓厚、生态环境优美、多种功能叠加的特色小镇。

续表

省份	主要内容
北京市	《北京市“十三五”时期城乡一体化发展规划》指出，“十三五”期间，北京市将统筹规划建设一批功能性特色小城镇，提高小城镇承载力，更好地对接非首都功能疏解，起到“桥头堡”作用。
江苏省	《关于培育创建江苏特色小镇的指导意见》提出，通过“十三五”期间的努力，加大重点镇和特色镇的培育力度，到2020年在全省形成100个左右富有活力的重点中心镇和100个左右地域特色鲜明的特色镇。到2020年，南京市将力争建成30个左右产业富有特色、文化独具韵味、生态充满魅力的市级特色小镇，并鼓励建设一批区级特色小镇。
天津市	《天津市特色小镇规划建设工作推动方案》提出，到2020年，天津市将创建10个市级实力小镇、20个市级特色小镇，在现代产业、民俗文化、生态旅游、商业贸易、自主创新等方面竞相展现特色，建设成一镇一韵、一镇一品、一镇一特色的实力小镇、特色小镇、花园小镇。
山东省	《山东省人民政府关于开展“百镇建设示范行动”加快推进小城镇建设和发展的意见》在实施扩权强镇、保障发展用地、适度扩大财权、加强资金扶持、优化机构设置等七个方面制定了创新性的优惠政策。
广东省	提出到2020年，广东将建成约100个省级特色小镇，特色小镇的产业发展水平、创新发展能力、吸纳就业能力和辐射带动能力显著提高，成为新的经济增长点。按照“多规融合”“产城融合”的要求，高起点、高标准、高质量编制建设规划；发展特色主导产业；强化自然生态保护，创造优良人居环境；创新市场化开发建设运营机制，走出一条具有广东特点的特色小镇发展新路子。

续表

省份	主要内容
河北省	河北省人民政府出台的《关于建设特色小镇的指导意见》提出，力争通过3～5年的努力，培育建设100个产业特色鲜明、人文气息浓厚、生态环境优美、多功能叠加融合、体制机制灵活的特色小镇。
四川省	近3年来，四川每年遴选100个小城镇重点培育。提出要统筹城市和小城镇规划布局，突出小城镇文化底蕴、民族风情、自然风光和产业特色，为小城镇建设注入鲜活的生命力。
陕西省	陕西省发布《进一步推进全省重点示范镇文化旅游名镇（街区）建设的通知》，提出通过建立动态调整机制、持续加大扶持力度、提升规划建设管理水平、切实落实扩权强镇、加强技术支持和专家指导、严格目标责任考核等8项措施，进一步推动全省重点示范镇、文化旅游名镇，即“两镇”建设，带动全省特色小城镇发展。
甘肃省	甘肃省政府办公厅印发的《关于推进特色小镇建设的指导意见》。《意见》明确，用3年时间重点建设18个特色小镇，特色小镇均要建设成为3A级以上旅游景区，其中旅游产业类特色小镇要按5A级旅游景区标准建设。支持各地以特色小镇理念改造提升产业集聚区和各类开发区（园区）的特色产业。建设工作至2018年年底。
福建省	福建省政府印发的《关于开展特色小镇规划建设的指导意见》提出，通过3～5年的培育创建，建成一批产业特色鲜明、体制机制灵活、人文气息浓厚、创业创新活力迸发、生态环境优美、多种功能融合的特色小镇。要求各地坚持特色为本、产业为根、精致宜居、双创载体、项目带动和企业主体，聚焦新一代信息技术、高端装备制造、节能环保、新材料、生物与新医药、海洋高新、旅游、互联网经济等新兴产业，兼顾工艺美术、纺织鞋服、茶叶、食品等传统特色产业，来规划创建特色小镇。

续表

省份	主要内容
贵州省	贵州省制定的《贵州省100个示范小城镇全面小康统计监测工作实施办法》提出，建设100个示范小城镇，包括旅游小镇、白酒小镇、茶叶小镇等各具特色的小城镇。
西藏自治区	2015年，西藏自治区财政安排10亿元启动资金，建设20个特色小城镇示范点，在2015—2017年3年间重点打造一批各具特色的小城镇，为西藏推进新型城镇化提供经验和模式。

特色小镇建设效果初显

住建部数据显示，第一批127个特色小镇建设带动产业和农村发展效果明显。一是带动产业和农村发展。新增企业就业人口10万人，平均每个小镇新增工作岗位近800个。农民人均纯收入比全国平均水平高1/3。二是基础设施进一步完善。90%以上小镇的自来水普及率高于90%，80%小镇的生活垃圾处理率高于90%，基本达到县城平均水平。三是公共服务能力不断提升。平均每个小镇配有6个银行或信用社网点、5个大型连锁超市或商业中心、9个快递网点以及15个文化活动场所或中心。四是传统文化得到了保护和传承。85%的小镇拥有省级以上非物质文化遗产，80%以上的小镇定期举办民俗活动，70%以上的小镇保留了独具特色的民间技艺。五是体制机制创新取得进展。90% 以上的小镇建立了规划建设管理机构和“一站式”综合行政服务机构，80% 以上的小镇设立了综合执法机构。

总的来看，特色小镇建设正成为当下我国的经济新热点，且迅速崛起。热潮之下，“特色小镇”已经不再是一个普通的经济学概念或者行政学概念，而是一个实实在在的集产业、文化、旅游和社区功能于一体的经济发展引擎。

解码特色小镇基因

2016 年 10 月，住建部发布《关于公布第一批中国特色小镇名单的通知》（以下简称《通知》）（建村〔2016〕221 号），《通知》称，根据《住房和城乡建设部　国家发展改革委　财政部关于开展特色小镇培育工作的通知》（建村〔2016〕147 号）精神和相关规定，在各地推荐的基础上，经专家复核，会签国家发展改革委、财政部，认定北京市房山区长沟镇等 127 个镇为第一批中国特色小镇（见表 1–3）。

2017 年 7 月，住建部发布公示，公布第二批全国特色小镇名单，其中包括北京市怀柔区雁栖镇、北京市延庆区康庄镇、天津市武清区大王古庄镇等 276 个镇。（见表 1–4）

表 1-3　第一批中国特色小镇名单（127 个）

省份	数量	名　单
北京市	3	房山区长沟镇、昌平区小汤山镇、密云区古北口镇
天津市	2	武清区崔黄口镇、滨海新区中塘镇
河北省	4	秦皇岛市卢龙县石门镇、邢台市隆尧县莲子镇、保定市高阳县庞口镇、衡水市武强县周窝镇
山西省	3	晋城市阳城县润城镇、晋中市昔阳县大寨镇、吕梁市汾阳市杏花村镇
内蒙古自治区	3	赤峰市宁城县八里罕镇、通辽市科尔沁左翼中旗舍伯吐镇、呼伦贝尔市额尔古纳市莫尔道嘎镇
辽宁省	4	大连市瓦房店市谢屯镇、丹东市东港市孤山镇、辽阳市弓长岭区汤河镇、盘锦市大洼区赵圈河镇
吉林省	3	辽源市东辽县辽河源镇、通化市辉南县金川镇、延边朝鲜族自治州龙井市东盛涌镇
黑龙江省	3	齐齐哈尔市甘南县兴十四镇、牡丹江市宁安市渤海镇、大兴安岭地区漠河县北极镇
上海市	3	金山区枫泾镇、松江区车墩镇、青浦区朱家角镇
江苏省	7	南京市高淳区桠溪镇、无锡市宜兴市丁蜀镇、徐州市邳州市碾庄镇、苏州市吴中区角直镇、苏州市吴江区震泽镇、盐城市东台市安丰镇、泰州市姜堰区溱潼镇
浙江省	8	杭州市桐庐县分水镇、温州市乐清市柳市镇、嘉兴市桐乡市濮院镇、湖州市德清县莫干山镇、绍兴市诸暨市大唐镇、金华市东阳市横店镇、丽水市莲都区大港头镇、丽水市龙泉市上垟镇
安徽省	5	铜陵市郊区大通镇、安庆市岳西县温泉镇、黄山市黟县宏村镇、六安市裕安区独山镇、宣城市旌德县白地镇

续表

省份	数量	名　单
福建省	5	福州市永泰县嵩口镇、厦门市同安区汀溪镇、泉州市安溪县湖头镇、南平市邵武市和平镇、龙岩市上杭县古田镇
江西省	4	南昌市进贤县文港镇、鹰潭市龙虎山风景名胜区上清镇、宜春市明月山温泉风景名胜区温汤镇、上饶市婺源县江湾镇
山东省	7	青岛市胶州市李哥庄镇、淄博市淄川区昆仑镇、烟台市蓬莱市刘家沟镇、潍坊市寿光市羊口镇、泰安市新泰市西张庄镇、威海市经济技术开发区崮山镇、临沂市费县探沂镇
河南省	4	焦作市温县赵堡镇、许昌市禹州市神垕镇、南阳市西峡县太平镇、驻马店市确山县竹沟镇
湖北省	5	宜昌市夷陵区龙泉镇、襄阳市枣阳市吴店镇、荆门市东宝区漳河镇、黄冈市红安县七里坪镇、随州市随县长岗镇
湖南省	5	长沙市浏阳市大瑶镇、邵阳市邵东县廉桥镇、郴州市汝城县热水镇、娄底市双峰县荷叶镇、湘西土家族苗族自治州花垣县边城镇
广东省	6	佛山市顺德区北滘镇、江门市开平市赤坎镇、肇庆市高要区回龙镇、梅州市梅县区雁洋镇、河源市江东新区古竹镇、中山市古镇镇
广西壮族自治区	4	柳州市鹿寨县中渡镇、桂林市恭城瑶族自治县莲花镇、北海市铁山港区南康镇、贺州市八步区贺街镇
海南省	2	海口市云龙镇、琼海市潭门镇
重庆市	4	万州区武陵镇、涪陵区蔺市镇、黔江区濯水镇、潼南区双江镇

续表

省份	数量	名　单
四川省	7	成都市郫县德源镇、成都市大邑县安仁镇、攀枝花市盐边县红格镇、泸州市纳溪区大渡口镇、南充市西充县多扶镇、宜宾市翠屏区李庄镇、达州市宣汉县南坝镇
贵州省	5	贵阳市花溪区青岩镇、六盘水市六枝特区郎岱镇、遵义市仁怀市茅台镇、安顺市西秀区旧州镇、黔东南州雷山县西江镇
云南省	3	红河州建水县西庄镇、大理州大理市喜洲镇、德宏州瑞丽市畹町镇
西藏自治区	2	拉萨市尼木县吞巴乡、山南市扎囊县桑耶镇
陕西省	5	西安市蓝田县汤峪镇、铜川市耀州区照金镇、宝鸡市眉县汤峪镇、汉中市宁强县青木川镇、杨陵区五泉镇
甘肃省	3	兰州市榆中县青城镇、武威市凉州区清源镇、临夏州和政县松鸣镇
青海省	2	海东市化隆回族自治县群科镇、海西蒙古族藏族自治州乌兰县茶卡镇
宁夏回族自治区	2	银川市西夏区镇北堡镇、固原市泾源县泾河源镇
新疆维吾尔自治区	3	喀什地区巴楚县色力布亚镇、塔城地区沙湾县乌兰乌苏镇、阿勒泰地区富蕴县可可托海镇
新疆生产建设兵团	1	第八师石河子市北泉镇

表 1-4 第二批中国特色小镇名单（276 个）

省份	数量	名 单
北京市	4	怀柔区雁栖镇、大兴区魏善庄镇、顺义区龙湾屯镇、延庆区康庄镇
天津市	3	津南区葛沽镇、蓟州区下营镇、武清区大王古庄镇
河北省	8	衡水市枣强县大营镇、石家庄市鹿泉区铜冶镇、保定市曲阳县羊平镇、邢台市柏乡县龙华镇、承德市宽城满族自治县化皮溜子镇、邢台市清河县王官庄镇、邯郸市肥乡区天台山镇、保定市徐水区大王店镇
山西省	9	运城市稷山县翟店镇、晋中市灵石县静升镇、晋城市高平市神农镇、晋城市泽州县巴公镇、朔州市怀仁县金沙滩镇、朔州市右玉县右卫镇、吕梁市汾阳市贾家庄镇、临汾市曲沃县曲村镇、吕梁市离石区信义镇
内蒙古自治区	9	赤峰市敖汉旗下洼子镇、鄂尔多斯市东胜区罕台镇、乌兰察布市凉城县岱海镇、鄂尔多斯市鄂托克前旗城川镇、兴安盟阿尔山市白狼镇、呼伦贝尔市扎兰屯市柴河镇、乌兰察布市察哈尔右翼后旗土牧尔台镇、通辽市开鲁县东风镇、赤峰市林西县新城子镇
辽宁省	9	沈阳市法库县十间房镇、营口市鲅鱼圈区熊岳镇、阜新市阜蒙县十家子镇、辽阳市灯塔市佟二堡镇、锦州市北镇市沟帮子镇、大连市庄河市王家镇、盘锦市盘山县胡家镇、本溪市桓仁县二棚甸子镇、鞍山市海城市西柳镇
吉林省	6	延边州安图县二道白河镇、长春市绿园区合心镇、白山市抚松县松江河镇、四平市铁东区叶赫满族镇、吉林市龙潭区乌拉街满族镇、通化市集安市清河镇

续表

省份	数量	名单
黑龙江省	8	牡丹江市绥芬河市阜宁镇、黑河市五大连池市五大连池镇、牡丹江市穆棱市下城子镇、佳木斯市汤原县香兰镇、哈尔滨市尚志市一面坡镇、鹤岗市萝北县名山镇、大庆市肇源县新站镇、黑河市北安市赵光镇
上海市	6	浦东新区新场镇、闵行区吴泾镇、崇明区东平镇、嘉定区安亭镇、宝山区罗泾镇、奉贤区庄行镇
江苏省	15	无锡市江阴市新桥镇、徐州市邳州市铁富镇、扬州市广陵区杭集镇、苏州市昆山市陆家镇、镇江市扬中市新坝镇、盐城市盐都区大纵湖镇、苏州市常熟市海虞镇、无锡市惠山区阳山镇、南通市如东县栟茶镇、泰州市兴化市戴南镇、泰州市泰兴市黄桥镇、常州市新北区孟河镇、南通市如皋市搬经镇、无锡市锡山区东港镇、苏州市吴江区七都镇
浙江省	15	嘉兴市嘉善县西塘镇、宁波市江北区慈城镇、湖州市安吉县孝丰镇、绍兴市越城区东浦镇、宁波市宁海县西店镇、宁波市余姚市梁弄镇、金华市义乌市佛堂镇、衢州市衢江区莲花镇、杭州市桐庐县富春江镇、嘉兴市秀洲区王店镇、金华市浦江县郑宅镇、杭州市建德市寿昌镇、台州市仙居县白塔镇、衢州市江山市廿八都镇、台州市三门县健跳镇
安徽省	10	六安市金安区毛坦厂镇、芜湖市繁昌县孙村镇、合肥市肥西县三河镇、马鞍山市当涂县黄池镇、安庆市怀宁县石牌镇、滁州市来安县汊河镇、铜陵市义安区钟鸣镇、阜阳市界首市光武镇、宣城市宁国市港口镇、黄山市休宁县齐云山镇
福建省	9	泉州市石狮市蚶江镇、福州市福清市龙田镇、泉州市晋江市金井镇、莆田市涵江区三江口镇、龙岩市永定区湖坑镇、宁德市福鼎市点头镇、漳州市南靖县书洋镇、南平市武夷山市五夫镇、宁德市福安市穆阳镇

续表

省份	数量	名 单
江西省	8	赣州市全南县南迳镇、吉安市吉安县永和镇、抚州市广昌县驿前镇、景德镇市浮梁县瑶里镇、赣州市宁都县小布镇、九江市庐山市海会镇、南昌市湾里区太平镇、宜春市樟树市阁山镇
山东省	15	聊城市东阿县陈集镇、滨州市博兴县吕艺镇、菏泽市郓城县张营镇、烟台市招远市玲珑镇、济宁市曲阜市尼山镇、泰安市岱岳区满庄镇、济南市商河县玉皇庙镇、青岛市平度市南村镇、德州市庆云县尚堂镇、淄博市桓台县起凤镇、日照市岚山区巨峰镇、威海市荣成市虎山镇、莱芜市莱城区雪野镇、临沂市蒙阴县岱崮镇、枣庄市滕州市西岗镇
河南省	11	平顶山市汝州市蟒川镇、南阳市镇平县石佛寺镇、洛阳市孟津县朝阳镇、濮阳市华龙区岳村镇、周口市商水县邓城镇、郑州市巩义市竹林镇、新乡市长垣县恼里镇、安阳市林州市石板岩镇、商丘市永城市芒山镇、三门峡市灵宝市函谷关镇、南阳市邓州市穰东镇
湖北省	11	荆州市松滋市涴水镇、宜昌市兴山县昭君镇、潜江市熊口镇、仙桃市彭场镇、襄阳市老河口市仙人渡镇、十堰市竹溪县汇湾镇、咸宁市嘉鱼县官桥镇、神农架林区红坪镇、武汉市蔡甸区玉贤镇、天门市岳口镇、恩施州利川市谋道镇
湖南省	11	常德市临澧县新安镇、邵阳市邵阳县下花桥镇、娄底市冷水江市禾青镇、长沙市望城区乔口镇、湘西土家族苗族自治州龙山县里耶镇、永州市宁远县湾井镇、株洲市攸县皇图岭镇、湘潭市湘潭县花石镇、岳阳市华容县东山镇、长沙市宁乡县灰汤镇、衡阳市珠晖区茶山坳镇

续表

省份	数量	名单
广东省	14	佛山市南海区西樵镇、广州市番禺区沙湾镇、佛山市顺德区乐从镇、珠海市斗门区斗门镇、江门市蓬江区棠下镇、梅州市丰顺县留隍镇、揭阳市揭东区埔田镇、中山市大涌镇、茂名市电白区沙琅镇、汕头市潮阳区海门镇、湛江市廉江市安铺镇、肇庆市鼎湖区凤凰镇、潮州市湘桥区意溪镇、清远市英德市连江口镇
广西壮族自治区	10	河池市宜州市刘三姐镇、贵港市港南区桥圩镇、贵港市桂平市木乐镇、南宁市横县校椅镇、北海市银海区侨港镇、桂林市兴安县溶江镇、崇左市江州区新和镇、贺州市昭平县黄姚镇、梧州市苍梧县六堡镇、钦州市灵山县陆屋镇
海南省	5	澄迈县福山镇、琼海市博鳌镇、海口市石山镇、琼海市中原镇、文昌市会文镇
重庆市	9	铜梁区安居镇、江津区白沙镇、合川区涞滩镇、南川区大观镇、长寿区长寿湖镇、永川区朱沱镇、垫江县高安镇、酉阳县龙潭镇、大足区龙水镇
四川省	13	成都市郫都区三道堰镇、自贡市自流井区仲权镇、广元市昭化区昭化镇、成都市龙泉驿区洛带镇、眉山市洪雅县柳江镇、甘孜州稻城县香格里拉镇、绵阳市江油市青莲镇、雅安市雨城区多营镇、阿坝州汶川县水磨镇、遂宁市安居区拦江镇、德阳市罗江县金山镇、资阳市安岳县龙台镇、巴中市平昌县驷马镇
贵州省	10	黔西南州贞丰县者相镇、黔东南州黎平县肇兴镇、贵安新区高峰镇、六盘水市水城县玉舍镇、安顺市镇宁县黄果树镇、铜仁市万山区万山镇、贵阳市开阳县龙岗镇、遵义市播州区鸭溪镇、遵义市湄潭县永兴镇、黔南州瓮安县猴场镇

续表

省份	数量	名 单
云南省	10	楚雄州姚安县光禄镇、大理州剑川县沙溪镇、玉溪市新平县戛洒镇、西双版纳州勐腊县勐仑镇、保山市隆阳区潞江镇、临沧市双江县勐库镇、昭通市彝良县小草坝镇、保山市腾冲市和顺镇、昆明市嵩明县杨林镇、普洱市孟连县勐马镇
西藏自治区	5	阿里地区普兰县巴嘎乡、昌都市芒康县曲孜卡乡、日喀则市吉隆县吉隆镇、拉萨市当雄县羊八井镇、山南市贡嘎县杰德秀镇
陕西省	9	汉中市勉县武侯镇、安康市平利县长安镇、商洛市山阳县漫川关镇、咸阳市长武县亭口镇、宝鸡市扶风县法门镇、宝鸡市凤翔县柳林镇、商洛市镇安县云盖寺镇、延安市黄陵县店头镇、延安市延川县文安驿镇
甘肃省	5	庆阳市华池县南梁镇、天水市麦积区甘泉镇、兰州市永登县苦水镇、嘉峪关市峪泉镇、定西市陇西县首阳镇
青海省	4	海西州德令哈市柯鲁柯镇、海南州共和县龙羊峡镇、西宁市湟源县日月乡、海东市民和县官亭镇
宁夏回族自治区	5	银川市兴庆区掌政镇、银川市永宁县闽宁镇、吴忠市利通区金银滩镇、石嘴山市惠农区红果子镇、吴忠市同心县韦州镇
新疆维吾尔族自治区	7	克拉玛依市乌尔禾区乌尔禾镇、吐鲁番市高昌区亚尔镇、伊犁州新源县那拉提镇、博州精河县托里镇、巴州焉耆县七个星镇、昌吉州吉木萨尔县北庭镇、阿克苏地区沙雅县古勒巴格镇
新疆生产建设兵团	3	阿拉尔市沙河镇、图木舒克市草湖镇、铁门关市博古其镇

梳理发现，在第一批中国特色小镇中，浙江省的特色小镇最多，有 8 个；紧随其后的是山东省、江苏省、四川省，各有 7 个；广东省，6 个；安徽省、福建省、湖北省、湖南省、贵州省、陕西省，各有 5 个；河北省、辽宁省、江西省、河南省、广西壮族自治区、重庆市，各有 4 个；北京市、上海市、山西省、内蒙古自治区、吉林省、黑龙江省、云南省、甘肃省、新疆维吾尔自治区，各有 3 个；天津市、海南省、西藏自治区、青海省、宁夏回族自治区，各有 2 个；新疆生产建设兵团，1 个。从第二批公布的特色小镇名单看，江苏、浙江、山东三省最多，均达到了 15 个，其次是广东省有 14 个，四川省 13 个，湖南、湖北、河南三省分别拥有 11 个，贵州省、安徽省、云南省、广西壮族自治区各 10 个，福建省、山西省、辽宁省、陕西省、重庆市、内蒙古自治区各有 9 个，江西、黑龙江、河北三省各有 8 个，新疆维吾尔自治区 7 个，吉林省以及上海市各为 6 个，甘肃省、海南省、西藏自治区、宁夏回族自治区各 5 个，青海省、北京市各 4 个，天津市以及新疆建设兵团各 3 个。

特色小镇内涵和外延

什么是特色小镇？目前还没有明确统一的概念定义，只有部分专业研究机构、专家学者对其进行阐述和解释。特色小镇是指依赖某一特色产业和特色环境因素打造的，具有明确产业定位、文化内涵、旅游特征和一定社区功能的综合开发项目。特色小镇是旅游景区、消费产业聚集区、新型城镇化发展区三区合一的城乡一体化的新型城镇化模式。特色小镇的商业模式主要有四种：一是土地一级开发[1]，同时通过其他模式升值；二是二级房地产开发[2]；三是产业项目开发，包括特色产业项目、旅游产业项目等；四是城镇建设开发，包括公共交通服务、社会服务以及银行、学校、医院等配套服务。

大体而言，特色小镇的特征从这字面上体现出来就是："特"指产业有特色；"色"指环境好，风景优美，要求按3A景区及以上标准（多

---

❶ 一级开发是指由政府或其授权委托的企业，对一定区域范围内的城市国有土地（毛地）或乡村集体土地（生地）进行统一的征地、拆迁、安置、补偿，并进行适当的市政配套设施建设，使该区域范围内的土地达到"三通一平"、"五通一平"或"七通一平"的建设条件（熟地），再对熟地进行有偿出让或转让的过程。

❷ 房地产二级市场是土地使用者经过开发建设，将新建成的房地产进行出售和出租的市场，一般指商品房首次进入流通领域进行交易而形成的市场。二级房地产开发的主要内容为居所地产、商铺型地产、客栈公寓型地产、度假地产、养老地产等。

数旅游小镇要求按 5A 景区标准）打造；“小”指规模比较小，规划面积一般控制在 3 平方千米左右，建设面积控制在 1 平方千米左右；“镇”指区别于以前的园区、片区、行政区划的镇，是一个“产业、文化、旅游、社区功能”四位一体的发展平台。[1] 按照住建部等联合发布的《特色小镇培育通知》，特色小镇应具有特色鲜明、产业发展、绿色生态、美丽宜居的特征。特色小镇建设关键在“产城融合”，强调产业、文化、旅游、社区功能叠加。

特色小镇首先在“特”

乡镇是我国最基层的行政单位，但是，不同于行政区划的小镇是什么？加上前缀“特色”的小镇又“特”在何处？对此，浙江省发展改革委副主任、省特色小镇规划建设工作联席会议办公室常务副主任翁建荣在介绍浙江省特色小镇建设的经验时指出，特色小镇“非镇非区”，是创新发展平台；特色小镇产业定位“一镇一业”，突出“特而强”；特色

[1] 据克而瑞研究中心介绍，特色小镇既是一个产业载体，也是文旅空间，更是宜居宜业的大社区。特色小镇不是传统意义上的“镇”，它既不是行政区划中的一个镇，也不是产业园区的一个区，而是一个集产业、文化、旅游和社区之功能于一体的新型聚落单位，是以产业为核心，以项目为载体，生产、生活、生态互相融合的一个特定区域。

小镇功能集成“紧贴产业”，力求“聚而合”；特色小镇形态打造“突出精致”，展现“小而美”；特色小镇运作机制是“破旧去僵”，做到“活而新”。

产业上的“特而强”。根据住建部等联合发布的《特色小镇培育通知》，培育特色小镇要从当地经济社会发展实际出发，发展特色产业，传承传统文化，要依据特色资源优势和发展潜力，科学确定培育对象，防止一哄而上。要培育特色鲜明的产业形态，“产业定位精准，特色鲜明”，战略新兴产业、传统产业、现代农业等发展良好、前景可观。产业向做特、做精、做强发展，新兴产业成长快，传统产业改造升级效果明显。

功能上的“聚而合”。特色小镇功能叠加上是“聚而合”，要形成连带关系，而不是将一堆没有关联的东西生搬硬套放在一起，结果是彼此没有任何联系，一盘散沙，形不成合力和竞争力。

形态上的“精而美”。特色小镇注重的是“精而美”，而不是过分追求体量的庞大和所谓的“震撼效果”。此前我国在城镇化建设尤其是新城开发方面走了很多弯路，房地产化现象严重，浪费了大量资源，经济发展效果不明显。

特色小镇不是传统的“镇”

需要说明的是，与通常的理解不同，特色小镇虽带“镇”字，却不是单纯的行政单元划分上的“镇”。首先，特色小镇的“镇”没有行政建制，与传统意义上属于行政区划的小镇不同，特色小镇是具有明确产业定位并融合文化、旅游、社区功能的创新创业平台（纵观特色小镇的整个开发过程，从起步阶段就要讲求“融合”，即“产业、人文、旅游、社区”功能的融合和“生产、生活、生态”的融合）；其次，特色小镇也不同于像产业园区、风景区、开发区、高新区这样的“区”，它是按照创新、协调、绿色、开放、共享的发展理念建设而成的，产业特色鲜明，体制机制灵活，人文气息浓厚，生态环境优美，多种功能叠加，“产、城、人、文”四位一体的发展空间平台。

特色小镇科学发展的特征

重运营，轻开发。与以往城镇化建设中简单的大规模开发不同，特色小镇更多地引入城市运营的理念，重视小镇长期科学的运营，通过深入挖掘特色产业，目的是将产业做精、做细、做强，让产业迸发出恒久的生命力。

重市场，轻行政。普通行政区划中的小镇主要依靠行政管理，通过政府行政行为引领小镇发展。具备特色产业优势的特色小镇强调的则是市场经济和产业市场功能，更加强调企业主体的作用。企业不断发展壮大，提高核心竞争力，参与国际国内两个市场的竞争，正是特色小镇科学发展的典型特征。

特色小镇形成路径

从全国各地的特色小镇来看，不同的小镇拥有独属于自己的基因，所以有区别于其他地方小镇的产生背景、发展轨迹和演变过程。用一句话概括，就是“根植于小镇自身，日积月累，爆发出蓬勃的生命力”。具体来说，有的特色小镇根植于当地的特色产业，经过漫长的历史积淀演变而来[1]；有的是“自下而上”，即由一个小村发展到一个街区，从一个街区发展到一个小镇，经过长期的积累，厚积薄发，影响力越来越大，此后在当地政府的大力扶持下，自身的竞争力越来越强，知名度也越来

[1] 以浙江的黄酒小镇为例，其传承了有千百年历史的传统工艺，街头巷尾、民家院落随处可见酒缸、酒坛、榨酒石等酿酒器具，每逢农历七月初六还会举办酒仙会，古镇内保留了一大批酿造黄酒的遗迹，积淀了深厚的酒文化。

越大，这一类小镇在浙江省随处可见；此外，还有的小镇走的是“自上而下”的路子，即在地方政府的规划和引导下，被戴上“特色小镇”的帽子，随后在财政、金融、土地、人才等各种优惠政策的支持下，得以迅速壮大。

特色小镇建设的六类主体

特色小镇建设是一项系统工程，参与的主体众多，主要涉及的主体有六类：

地方政府。“政府引导，企业主体，市场化运作”是特色小镇的理念。因此，首先要强调地方政府的作用，即“引导”作用——规划小镇发展方向、搭建小镇发展平台、提供创新政策与高效服务。

村镇集体经济组织。特色小镇通常位于远离中心城市的郊区和农村，在建设过程中往往涉及村镇集体经济组织的产业、土地等，需要与村镇集体经济组织合作，其中的利益分配和合作机制是重要课题。

社会资本方和投资商。特色小镇建设需要大量的资金投入。在我国经济发展进入新常态、政府财政压力大的背景下，吸引资金实力强大的社会资本和投资商投入特色小镇建设成为现实选择。比如社会资本方和投资商可以在产业挖掘和培育、基础设施和公共服务实施等方面发挥作用。

房地产商。特色小镇集“产业、人文、旅游、社区”功能于一体，宜业、宜居、宜游。因此，特色小镇里需要公寓楼、文化馆、博物馆等，离不开房地产的建设，这是特色小镇发展的基础之一。

金融机构。特色小镇建设需要大量的资金，无论是以政府平台为主体建设，还是以社会资本为主体投资，都需要借助金融机构的力量。因此，包括银行（当前我国金融市场还不成熟，特色小镇建设主要是依靠银行等金融机构的信贷支持）、基金公司、信托公司、证券公司、保险公司等在内的金融机构都是特色小镇建设的重要支撑力量。

产业服务商。如上所述，特色小镇建设在我国还处于起步阶段，且属于一个系统工程，需要各类主体共同参与。专业的产业咨询、产业招商、合作模式咨询服务等中介服务机构是特色小镇建设不可或缺的战略拼图。发挥专业中介机构的“智库”作用，一方面可以促进特色小镇建设科学健康，另一方面中介服务机构也能获得收益，实现自身的发展。

特色小镇 VS 特色小城镇

当前，我国正在大力建设特色小镇，与此同时，特色小城镇的建设也在快速推进中。那么，特色小镇与特色小城镇有何区别？厘清二者的关系，将有利于二者的健康发展。2016 年 10 月，国家发展改革委发布《关于加快美丽特色小（城）镇建设的指导意见》（发改规划〔2016〕2125 号），指出特色小（城）镇包括特色小镇、小城镇两种形态。特色小镇主要指聚焦特色产业和新兴产业，集聚发展要素，不同于行政建制镇和产业园区的创新创业平台。特色小城镇是指以传统行政区划为单元，特色产业鲜明、具有一定人口和经济规模的建制镇。特色小镇和小城镇相得益彰、互为支撑。

研究发现，从概念、提出背景、面积等维度看，特色小镇与特色小城镇有诸多的不同（见表 1–5）。

表 1-5 特色小镇与特色小城镇比较

维度	特色小镇	特色小城镇
概念	特色小镇主要指聚焦特色产业和新兴产业，集聚发展要素，不同于行政建制镇和产业园区的创新创业平台。 特色小镇是相对独立于市区，具有明确产业定位、文化内涵、旅游和一定社区功能的发展空间平台，区别于行政区划单元和产业园区。	特色小城镇是指以传统行政区划为单元，特色产业鲜明、具有一定人口和经济规模的建制镇。 特色小城镇一般指城乡地域中地理位置重要、资源优势独特、经济规模较大、产业相对集中、建筑特色明显、地域特征突出、历史文化保存相对完整的乡镇。
提出背景	经济转型升级 城乡统筹发展 供给侧结构性改革	新型城镇化建设 新农村建设
面积	规划面积控制在3平方千米（建设面积控制在1平方千米）	整个镇区（一般为20平方千米）
产业类型	信息技术、节能环保、健康养生、时尚、金融、现代制造、历史经典、商贸物流、农林牧渔、创新创业、能源化工、旅游、生物医药、文体教	商贸流通型、工业发展型、农业服务型、旅游发展型、历史文化型、民族聚居型等
建设模式	政府引导 企业主体 市场化运作	政府资金支持 统筹城乡一体化 规划引领建设

资料来源：特色小镇网。

特色小镇 VS 常态小镇

调研发现，公众常常将特色小镇理解为常态小镇（即行政区划下的小镇）中的一种产业特色鲜明、自然环境优美、旅游资源丰富，且具有宜居宜业宜游多种功能的小镇，即认为特色小镇是常态小镇中的一种独特存在。这是对特色小镇的一种误读，也是对特色小镇与常态小镇的混淆。

实际上，特色小镇与常态小镇有本质的区别：特色小镇非镇非区，不是行政区划概念上的小镇，而通常所说的“小镇”主要是一种行政区域上的概念。特色小镇必须有产业，而且是特色产业。这要从两个方面来理解：一方面，产业是特色小镇的前提，也是特色小镇持续发展的保障。没有产业作支撑，特色小镇将成空中楼阁，最后成为一纸空谈。另一方面，这种产业必须是特色产业，也就是根植于当地、明显区别于其他地方的独有的产业（这种产业不管是战略新兴产业还是历史经典产业，都与当地经济社会发展息息相关），否则，非“特色”的一般产业，也不符合特色小镇的特征。相比之下，常态小镇既可以有产业，也可以没有产业，尤其可以没有特色产业。事实上，我国有 4 万多个镇，多数产业特点并不突出，许多镇没有独特的产业。特色小镇人文底蕴深厚、旅游资源丰富，集产业、文化、旅游和社区功能于一体，而常态小镇只是一个属于县级行政单位管辖的小规模人群聚居地，并不一定要有文化和旅游的功能。

特色小镇由于其高度聚集各类专业的产业要素，形成了很强的竞争力。江苏省委书记李强在谈到江苏特色小镇时说："特色小镇不是行政区划单元，而是产业发展载体；不是产业园区，而是同业企业协同创新、合作共赢的企业社区；不是政府大包大揽的行政平台，而是企业为主体、市场化运作、空间边界明晰的创新创业空间。"他在自己的《特色小镇是浙江创新发展的战略选择》一文中称："这些创建中的特色小镇既是一个个产业创新升级的发动机，又是一个个开放共享的众创空间；既集聚了人才、资本、技术等高端要素，又能让这些要素充分协调，在适宜居住的空间里产生化学反应，释放创新动能……"

探析特色小镇核心元素

由于特色小镇建设在我国还处于起步阶段，因此有必要对小镇的核心元素进行深入剖析，以便全面、科学地理解特色小镇。

特色小镇核心元素

发展特色小镇，前提是要找准特色、凸显特色和放大特色。研究发现，特色小镇具有以下核心元素。（见表 1–6）

表 1-6 特色小镇核心元素

项目	具体内容
面积	3~5 平方千米（4 500~7 500 亩）
核心建设用地	1 平方千米（1 500 亩）
投资总额	3 年 30 亿 ~50 亿元
核心特色	产业、文化、旅游和社区四大功能融合，是特色小镇区别于工业园区和景区的显著特征。特色小镇产业定位要突出“特而强”，产业是特色小镇建设的核心内容
主要产业	旅游、商贸物流、教育、制造、科技、双创、健康、农业
运营	各参与方联合成立“特色小镇规划建设工作联席会议办公室”，作为统筹特色小镇的重要机构
投资主体	特色小镇建设需要一个核心投资主体，政府需要引进社会资本，包括央企、国企、民企、外资和混合所有制企业
商业模式	以 PPP 模式为主
利益分配	特色小镇是一个政府、村民、社会资本、消费者等多方利益交织的共生体。要实现多方共赢，需采取市场化的利益分配机制，共同做大“蛋糕”，共享经济发展成果
开发模式	一是土地一级开发；二是二级房地产开发；三是产业项目开发；四是产业链综合开发；五是城镇建设开发
运营参与方	政府方：负责引导和顶层设计，进行产业培育，创造制度环境，建设基础设施，提供公共服务，加强社会治理等。 市场方：市场运作，通过市场配置资源，并起决定性作用。 企业方：是特色小镇建设的主角，负责寻找市场机会，进行资源整合，并发挥自身优势 社会方：社会共同参与，实时监督

特色小镇须有文化元素

特色小镇除有产业外，还须有文化的内涵。文化是特色小镇的核心元素之一，也是支撑特色小镇发展的保障。如浙江嘉兴乌镇、江苏苏州同里[1]都是经过几百年上千年的文化积累积淀而成的。在浙江诸暨袜艺小镇，既有工厂车间（工厂现场可以观看和体验袜子、被子织造的过程），又有展示袜子历史的博物馆，还有不定期举行世界级袜业论坛的展览馆等。又如陕西礼泉部分特色小镇保留传承着乡村记忆与元素，主要内容包括古关中的磨面、织布、榨油、酿醋等技艺，以及茶楼、秦腔、民间说书等文化。

特色小镇应该体现产业、文化、旅游和生态的高度融合。住建部等联合发布的《特色小镇培育通知》，要求彰显特色的传统文化，传统文化得到充分挖掘、整理、记录，历史文化遗存得到良好保护和利用，非

---

[1] 同里古镇属于江苏省苏州市吴江区，位于太湖之畔，紧靠市政府所在地，自宋代建镇距今已有一千多年历史。镇区内始建于明清两代的花园、寺观、宅邸和名人故居有数百处，古镇被“川”字形的15条小河分隔成七个小岛，又因49座古桥连成一体，以“小桥、流水、人家”著称。同里古镇1980年被列为太湖风景区景点之一，1982年又被列为省级文物保护单位，1992年被列为省级文物保护镇，著名景点“退思园”被联合国教科文组织列入世界文化遗产名录，2010年被国家旅游局评定为国家5A级旅游景区。

物质文化遗产活态传承[1]；形成独特的文化标识，与产业融合发展；优秀传统文化在经济发展和社会管理中得到充分弘扬；公共文化传播方式方法丰富有效；居民思想道德和文化素质较高。

[1] 活态传承，是指在非物质文化遗产生成发展的环境当中进行保护和传承，在人民群众生产生活过程当中进行传承与发展的传承方式。活态传承能达到非物质文化遗产保护的终极目的，是区别于以现代科技手段对非物质文化遗产进行“博物馆”式的保护，用文字、音像、视频的方式记录非物质文化遗产项目的方式。

地方政府发展特色小镇的热情探因

国家大力推广特色小镇，各级地方政府亦热情高涨。分析发现，地方政府之所以热衷于建设特色小镇，主要是因为通过小镇的建设能给地方带来多种好处。

拉动地方经济增长

从国家推出特色小镇的背景、目标来看，聚集多种创新发展要素、遵循“特色牵引、市场主导、产业支撑”原则的特色小镇，正成为拉动我国经济增长的新引擎。河北省政府发布的《关于建设特色小镇的指导意见》明确提出，特色小镇是按照“创新、协调、绿色、开放、共享”五大发展理念打造，具有明确产业定位、科技元素、文化内涵、生态特色、旅游业态和一定社区功能的发展空间平台。加快特色小镇建设，有利于突破资源瓶颈、聚集高端要素、促进创新创业，能够增加有效投资，带动城乡统筹发展和生态环境改善，提高居民生活质量，形成新的经济增长点。

发展特色小镇对地方经济增长的拉动效应显而易见。以江苏宜兴市丁蜀镇为例，紫砂陶始于宋，兴于明清，其发源地和产业核心区在宜兴市丁蜀镇。该镇依托历史悠久、内涵丰富的紫砂文化，积极探索以发展文化创意产业、文化旅游产业为重心的“紫砂特色小镇”建设，逐步形成了“产业、城市、生态、文化”一体化发展的格局。数据显示，2015 年，丁蜀镇紫砂产业实现产值 78 亿元，带动实现文化产业增加值 14.5 亿元，实现旅游总收入 7 亿多元。

此外，通过特色小镇建设，还可以吸引业内知名企业、大型企业、上市公司入驻，形成持续不断的税源，使地方政府获得长期、稳定的收益。地方政府再反哺民生，提高人民群众的生活水平。

促进产业升级

特色小镇是新时期推动新型城镇化和加快产业转型升级的重要载

体。由于特色小镇集特色产业、人文旅游、优美环境、社区功能等于一体，与我国当下大力倡导和推进的绿色经济、低碳经济、循环经济理念相一致，因此有利于我国经济转型和产业升级。

发展特色小镇在促进产业升级方面作用明显。下面以广东省佛山市顺德区北滘镇为例加以说明。

【案例 1-1】

佛山市顺德区北滘镇“智造小镇”❶

2016 年 10 月，住建部发布了第一批 127 个中国特色小镇名单，广东省共有 6 个小镇入围，佛山市顺德区北滘镇以“智造小镇”排名全省第一，成为全市首个入选该名单的特色小镇。

小镇以传统家电制造业和高端装备制造业为基础，构建起“智能制造＋智慧家居”加创新创业的“双智＋双创”特色产业体系。近年来，北滘镇新兴产业集群不断进驻❷，产业结构日趋合理，形成了集创新研

❶ 吴景邦．北滘特色小镇样本领跑全省［N/OL］.2016-10-17［2017-08-03］. http：//epaper.sc168.com.cn/disnews_new.asp?Fid=120325&FlayoutId=34184.

❷ 北滘镇汇聚了美的、碧桂园两个千亿级的世界 500 强企业，还有惠而浦、蚬华、浦项、上海宝钢、日清食品等一大批中外知名企业。不仅如此，顺德区 30% 的上市公司都在北滘镇。

发、工业设计、会展商贸、总部经济为一体的家电全产业链，加速由“制造”向“智造”的升级，探索出一条具有北滘特色的家电全产业链转型路径，形成了旺盛的产业创新活力，成为佛山乃至珠三角传统制造业小镇转型升级样本。

作为中国家电制造业重镇，小镇拥有家电及配套企业近900家，家电产业年产值近千亿元，占全镇总产值的70%左右，约占全国家电业总产值的10%，拥有“中国家电制造业重镇”“广东省家电专业镇”的荣誉称号。此外，北滘镇具有得天独厚的水乡资源，人文传统源远流长。为让小镇再现绿水青山，成为“宜创、宜业、宜居、宜游”之地，当地政府效力于活化一批古村落，留住岭南水乡特色。在市政配套方面，北滘公园、北滘文化中心、北滘商业广场、北滘医院等先后建成。

再来看河北省香河机器人小镇的例子。

【案例 1–2】

河北省香河机器人小镇[1]

2017年年初，河北省香河机器人小镇入选河北省首批特色小镇名

[1] 王晓桐，张洎．香河机器人小镇荣获河北省首批特色小镇称号[N/OL]．2017–03–06 [2017–08–02]．http：//www.lfcmw.com/content/2017–03/06/content_567206.htm.

单，也是廊坊市率先入选的特色小镇。长期以来，香河机器人小镇致力于打造成为以机器人产业为核心，集孵化加速、智能制造、创意体验、生态涵养于一体的科技型特色小镇样板、全国机器人小镇标杆，实现由“单一的生产型园区经济”向“多点支撑的小镇综合型经济”转型，为产业转型升级、区域新型城镇化开辟新路径。截至 2017 年年初，小镇已累计签约德国尼玛克、汇天威、伊贝格等各类领军企业近 50 家，涵盖工业、医用、军工机器人，3D 打印，以及无人机等多门类机器人项目，是京津冀地区产业链最全的综合性机器人产业集群。此外，科技部国家领军人才创新驱动中心、河北省重大项目加速器也先后落户香河机器人产业港，产业集群初步成型。香河机器人小镇将以机器人产业为主导，争取成为一个产业高度聚集、生态环境优美、人文气息浓厚、城镇智慧运营、旅游与生活魅力兼具的特色小镇。

改善基础设施条件，提高公共服务水平

研究发现，对地方政府而言，特色小镇能产生综合收益而不是单一收益。换句话说，特色小镇不仅拉动地方经济增长，增加税收，而且在改善人居环境、提高投资品质和投资环境方面作用明显。通过建设特色小镇，能够改善人居环境，提高地方社会效益。特色小镇要求有良好的自然环境，如《浙江省人民政府关于加快特色小镇规划建设的指导意见》指出，所有特色小镇要建设成为3A级以上景区，旅游产业类特色小镇更是要按5A级景区标准建设。又如，天津市通过建设花园小镇实行城镇全面精细化网格化管理，要求有条件的街镇建立智慧共享平台，成为智慧小镇，以风景美、街区美、功能美、生态美、生活美、风尚美为建设内容，居住社区城市绿化覆盖率达到40%以上，生活垃圾无害化处理率和污水处理率达到100%，主要道路绿化普及率达到100%。

特色小镇主要位于离中心城市较远的地区，基础设施建设（如供水、供暖、供气、污水处理、垃圾处理和道路交通等）和公共服务（学校、医院、养老机构、银行、图书馆等）条件较差。而特色小镇的一大核心元素即“社区功能”，良好的基础设施和公共服务是特色小镇吸引优秀人才、留住优秀人才、实现持续发展的前提和保障。因此，通过特色小

镇建设，能大大改善小镇基础设施条件，提高公共服务水平，从根本上改变小镇的面貌。

按照住建部等联合发布的《特色小镇培育通知》，特色小镇后方建设便捷完善的服务设施，做到基础设施完善，自来水符合卫生标准，生活污水全面收集并达标排放，垃圾实现无害化处理，道路交通停车设施完善便捷，绿化覆盖率较高，防洪、排涝、消防等各类防灾设施符合标准。公共服务质量较高，教育、医疗、文化、商业等服务覆盖农村地区。特色小镇建设有利于完善基础设施，能够改善人们的居住环境，为人们提供休闲娱乐的空间，提高人们的生活质量。

解决劳动力就业

特色小镇建设涉及项目众多。统计显示，建设一个特色小镇涉及的项目通常有上千个，既有特色产业本身，又有配套工程（如市政、交通、学校、医院、养老设施）。这些项目的建设都需要大量的劳动力，因此可以就近解决当地及周边地区劳动力就业。重点是通过各类技能培训，引导当地劳动力由第一产业向第三产业转移。

以住建部公布的全国首批 127 个特色小镇为例，长三角、珠三角、环渤海地区的特色小镇在提供就业岗位方面表现突出，其中就业规模最大的镇是广东省佛山市顺德区北滘镇（18.7万个就业岗位），最小的是青海省海西蒙古族藏族自治州乌兰县茶卡镇（1 010个就业岗位）。不仅如此，除了为镇区人口提供就业岗位以外，特色小镇还在解决人口就业方面发挥着两方面的作用：一是带动周边地区人口就业，如127个特色小镇平均带动周边农村人口就业高达10 385人，占全部就业岗位的39%；二是鉴于小镇宜居、宜业、宜游的特点，将吸引大城市的优秀专业人才到此创业定居，有助于缓解“城市病”[1]。

以江苏省为例，《关于培育创建江苏特色小镇的实施方案》指出，在综合效益方面，特色小镇以集聚高端要素为核心，吸引一批“国千省千”人才、大企业高管、工艺大师、科技人员和其他创新创业人才；集聚一批特色产业内的骨干龙头企业、中小企业、工商户、创投企业和创业孵化器等创新创业载体；促进互联网和特色产业深度融合发展，形成一批新技术、新产业、新业态和新机制，建成一批有影响力的产业科技创新中心、有国际竞争力的先进制造业基地、有较高知名度的特色产

[1] “城市病”，是指由于城市人口、工业、交通运输过度集中造成的种种弊病。它给生活在城市的人们带来了烦恼和不便，也对城市的运行产生了一些影响。“城市病”的主要表现是人口膨胀、交通拥堵、环境恶化、住房紧张、就业困难等，它加重城市负担，制约城市化发展，引发市民身心疾病。

业和自主品牌；体现生态优先、绿色发展理念，基本实现绿色低碳循环发展。旅游风情类小镇旅游综合收入 10 亿元以上，提供直接就业岗位 2 000 个以上，带动就业人数 7 500 人以上。江苏省宜兴市丁蜀镇通过发展紫砂产业，极大地带动了就业。目前，丁蜀镇共有紫砂制作者 4 万多人、产业配套人员 6 万多人，从业人数占常住人口的 43.5%。拥有紫砂专业合作社 67 个、紫砂企业 400 多家、紫砂家庭作坊 12 000 多家。

总之，尽管我国特色小镇建设还处在起步阶段，但经济效益和社会效益已经初显。我国特色小镇产业基础扎实，人文底蕴深厚，可持续发展能力强，称得上是镇小能量大，小空间承载大战略。在可以预见的将来，遍布我国大江南北的特色小镇将成为拉动我国经济社会发展的动力和引擎。

发展特色小镇是新型城镇化的重要突破口

作为加快新型城镇化建设的重要突破口，特色小镇建设成为当下我国经济领域的热点。

加速推进我国新型城镇化进程

改革开放以来，我国城镇化飞速发展。2012年12月，中央经济工作会议指出，城镇化是我国现代化建设的历史任务，也是扩大内需的最大潜力所在，要积极引导城镇化健康发展。

党的十八大明确提出了“新型城镇化”的重要概念，《国务院关于深入推进新型城镇化建设的若干意见》对深入推进新型城镇化建设做出一系列重大决策部署。快速发展的新型城镇化，正在成为我国经济增长和社会发展的强大引擎。新型城镇化，是指以城乡统筹、城乡一体、产城互动、节约集约、生态宜居、和谐发展为基本特征的城镇化，是大中小城市、小城镇、新型农村社区协调发展、互促共进的城镇化。按照国家新型城镇化综合试点方案明确的时间表，2014 年年底前开始试点，并根据情况不断完善方案，到 2017 年各试点任务取得阶段性成果，形成可复制、可推广的经验；2018—2020 年，逐步在全国范围内推广试点地区的成功经验。按照《国家新型城镇化规划（2014—2020 年）》的要求，到 2020 年，我国城镇化率将提高到 60%，将有 1 亿左右农业转移人口和其他常住人口在城镇落户。由城镇人口增加带来的交通、电力、水利等基础设施建设，以及教育、医疗卫生、养老等公共服务领域的投资需求约为 42 万亿元。

近年来，国家开发银行与住建部在新型城镇化诸多领域开展密切合作，加快新型城镇化建设，如支持城市地下综合管廊、海绵城市建设和城市生态修复与治理项目等。2017 年 1 月，住建部、国开行联合发布《关于推进开发性金融支持小城镇建设的通知》（建村〔2017〕27 号），指出小城镇是新型城镇化建设的重要载体，是促进城乡协调发展最直接最有效的途径，在推进经济转型升级、绿色低碳发展和生态环境保护等方面发挥着重要作用。截至2016年年末，国开行新型城镇化贷款余额1.04万亿元，继续保持主力银行地位；支持小城镇建设项目439个，评审承诺额达3 773亿元。

我国小城镇发展面临的主要问题

小城镇在空间上是连接城市和乡村的重要纽带，在经济功能上更是肩负重要的责任和使命：一方面，小城镇建设促进经济社会发展，提供具有竞争力的岗位和待遇，解决周边农村剩余劳动力就业，是农村人口本地城镇化的重要场所；另一方面，小城镇还承担着承接大城市功能外溢的任务。从总体上看，当前我国小城镇建设面临的主要问题有：

总体经济活力不强，产业不多，尤其是具有核心竞争力的特色产业少。由于难以提供充足、富有竞争力的岗位和待遇，因此留不住优秀的人才、富有特色的产业以及资金，这些要素不断流向人才、资金和优质资源集中的大中城市，产生马太效应。

基础设施和公共服务基础较差。近年来，我国在小城镇建设方面取得的成果有目共睹，与此前相比，小城镇面貌焕然一新，尤其是硬件设施（如供电、供水、道路交通等）发展迅速。此外，电话、计算机、手机、互联网等也早已“飞入寻常百姓家”。不过，从总体上看，我国小城镇的基础设施条件和公共服务仍然水平较差，体现在污水处理、垃圾处理设施欠缺，医疗机构、养老机构、学校以及文化、体育等公共设施数量不多、服务水平不高，还不能满足本地人口城镇化的需求。主要原因是小城镇实体企业少，缺乏稳定的财政收入来源，多数情况下需要依赖转移支付等。

特色小镇推动新型城镇化

习近平总书记曾表示，抓特色小镇、小城镇建设大有可为，对经济转型升级、新型城镇化建设，都具有重要意义。2016 年 2 月，《国务院关于深入推进新型城镇化建设的若干意见》发布，明确提出加快培育特色小城镇，发展具有特色优势的休闲旅游、商贸物流、信息产业、先进制造、民俗文化传承、科技教育等魅力小镇。随后发布的“十三五”规划也明确提出了加快发展中小城市和特色镇。2016 年 10 月，国家发展改革委发布的《关于加快美丽特色小（城）镇建设的指导意见》（发改规划〔2016〕2125 号）指出“建设特色小镇应建立在以产业为依托的基础上”，旨在促进大中小城市和小城镇协调发展，充分发挥城镇化对新农村建设的辐射带动作用。

承接城市产业转移和城市功能外溢

分析认为，随着城市化进程的加快，目前我国一些超大城市[1]人口过于集中，出现了“城市病”。那些产业特色鲜明、人居环境优美的特色小镇可以吸纳周边城市人口工作、生活，且居住成本相对较低，能够承接城市产业转移和城市功能外溢。进一步而言，新型城镇化强调城乡要素之间的双向流动、强调高品质的人居环境和城镇空间特色、强调绿色发展和可持续发展。融合产业、人文、旅游、社区等多项功能的特色小镇可以吸引大城市优秀人才来此创业定居，是新型城镇化建设的一种新模式。

成为破解城乡二元结构的抓手

从宏观上来说，加快发展特色小镇，是推进我国新型城镇化建设的

---

[1] 2014年11月，中国政府网公布《关于调整城市规模划分标准的通知》，以城区常住人口为统计口径，将城市划分为五类七档。根据新标准，北京、上海、天津、重庆、广州、深圳、武汉为超大城市（城区常住人口1 000万以上）。杭州、成都、南京、香港等为特大城市。

重要举措，也是破解城乡二元结构的重要抓手，具有重要的时代性和创造性。具体来说，特色小镇建设将通过打造新兴产业和历史经典产业，以生态文明理念建设宜居宜业宜游的“小镇社区”。一方面，推动农村户籍人口城镇化，解决周边劳动力人口就业，提高劳动力人口综合素质，科学、合理地引导农村人口向城镇转移；另一方面，还可以吸引城市的资金和技术（我国的现状是大城市吸引力强，农村人口和资源向大城市流动。小城镇不具有产业实力，吸引力不够，承载力不够）。特色小镇兼具产业、文化、旅游和居住多项要素，不仅可以吸引周边农村劳动力，留住当地产业和人才，还可以产生“倒虹吸”效应，即吸引城市的优秀人才、资本到小镇去。以走在全国特色小镇建设前列的浙江省为例，浙江特色小镇一般位于城郊，既有特色产业，又有配套设施（如人才公寓、图书馆、学校、医疗机构），社区功能齐备，环境优美，真正做到了宜业、宜居、宜游。浙江特色小镇注重功能叠加、各类要素融合，“产城人文”一体，破解了城乡二元结构带来的诸多问题。

在以人为核心的新型城镇化推进过程中，特色小镇扮演着越来越重要的角色。反过来，我国新型城镇化的发展，也离不开特色小镇的建设。从辩证唯物论的角度看，随着大量劳动力进入小镇，以及城市技术人才和专业人才进入小镇创业、定居，增加的城镇人口将促进小镇产业、金融、地产等领域的发展，交通、电力、供暖、供气、污水处理、垃圾处理等公共基础服务配套设施也将得到长足的发展。按照住建部等联合发布的《特色小镇培育通知》精神，应当营造和谐宜居的美丽环境，空间布局与周边自然环境相协调，整体格局和风貌具有典型特征，路网合理，建设高度和密度适宜。居住区开放融合，提倡街坊式布局，住房舒适美观。建筑彰显传统文化和地域特色。公园绿地贴近生活、贴近工作。店铺布局有管控。镇区环境优美，干净整洁。土地利用集约节约，小镇建设与产业发展同步协调。可以说，特色小镇是促进我国新型城镇化发展的重要载体。特色小镇建设为新型城镇化发展开辟了新的道路，具有旺盛的生命力。

特色小镇发展恰逢其时

目前，我国正加速推进新型城镇化建设。根据预测，城镇化率到2020年会达到60%左右，2030年可能会在70%左右。分析认为，随着我国城镇化率越来越高，大城市和中等城市辐射小城镇的能力越来越强，特色小镇的发展可谓恰逢其时。换句话说，我国特色小镇建设离不开大力推进的新型城镇化这个大背景。

改革开放以来，我国的社会经济发展取得了举世瞩目的成就。随着近年来我国大力推进新型城镇化建设，特色小镇亦迎来了发展的良机。对此，权威专家认为，建设和发展特色小镇是重大战略，新型城镇化战略的实施，为特色小镇发展指明了方向，提出了要求；城镇化转型升级，为特色小镇发展开辟了广阔空间；供给侧结构性改革，为特色小镇发展提供了难得机遇；转变城镇发展方式，加强城镇管理，推进城镇绿色发展，为特色小镇发展明确了路径。实施发展特色小镇战略恰逢其时，是城镇化发展新阶段的有益创新，前景广阔。

02
特色小镇建设面临现实困境

国家政策大力推广特色小镇，全国各地掀起特色小镇建设的高潮。不过，由于特色小镇在我国还处于起步阶段，还存在诸多发展的障碍，因此，在建设中面临不少难题，同时也暴露出不少问题，出现了不少乱象。

特色小镇不是为建而建，更不是部分地方政府的政绩工程。从现实的角度而言，特色小镇是我国产业转型升级的重要途径和手段。

特色小镇建设面临的难题

当前，我国特色小镇建设如火如荼：从中央到地方各级政府，从东部的浙江、江苏、上海，到西部的四川、陕西、甘肃，从政府部门到各类社会资本，从银行等金融机构到中介咨询机构……

然而，不可否认的是，我国特色小镇建设还面临诸多困难和不确定性因素。特色小镇要实现快速健康发展，还有许多难题亟待解决。

特色小镇是一种全新的经济形态

与城镇化建设、新农村建设等相比，特色小镇建设是一个全新的经济领域，在我国还处于起步阶段，不仅政策体系不完善，而且所对应的时空条件也发生了巨大的变化。可以说，当下我国进行的特色小镇建设既没有太多可资借鉴的现成案例，也没有科学系统的理论指导，仍处在探索之中。更进一步而言，特色小镇是各种创新要素的集合：产业创新、机制创新、人才创新、技术创新，等等，这种创新的难度和强度比之前我国推广的城镇化建设、新农村建设要大得多。

特色小镇门槛很高

在一哄而起的特色小镇建设中，特色小镇的门槛往往被忽视。

调研发现，对于“横空出世”的特色小镇，很多人存在认识上的误区，认为不过是在原有行政建制的小镇上增加一点属于小镇的“特色”而已，建设门槛并不高。之所以有这种认识，原因在于：一是我国面积大，行政建制的镇达四万多个，遍及各地，尤其是在人口密集的中东部地区更是随处可见；二是近几年我国新型城镇化建设速度加快，镇域面积不断扩大，因此“小镇”在开发难度上不比普通的建制镇大；三是很多行政建制镇都有属于自己的“特色产业”，如有的地方盛产茶叶，有的地方盛产苹果，还有的地方盛产大葱，等等，完全有“特色”基础。

事实上，特色小镇的门槛很高，并非“想建设就建设”“想打造就打造”。小镇虽然面积不大，规划面积只有 3 平方千米，建设面积只有 1 平方千米，但是建设难度远高于普通的行政建制镇。以产业为例，许多普通的行政建制镇虽然有所谓的“产业”，但主要局限于“特产”的概念，产业特色不鲜明，没有形成完整的产业链，多数是单打独斗，无法吸引优质的社会资本和大企业，不符合特色小镇的要求。此外，特色小镇还要求具备人文、旅游和社区功能，对照之下，相当多表面上具有“特色”的普通镇是不符合特色小镇要求的。对特色小镇存在的认识误区，将不利于指导今后特色小镇的建设和运营。

进一步而言，特色小镇需要的产业基础、人文底蕴、环境标准、社区功能并非“是个地儿都可以建”。对此，国家发展改革委城市和小城镇改革发展中心研究员冯奎在接受媒体采访时表示，很多人只看到表象，误以为特色小镇的门槛很低。业内对特色小镇存在一些误解，如特色小镇只是开发 1 ~ 3 平方千米，无非就是搞一到两个产业，所需要的资本量并不像开发几十平方千米、几百平方千米要求那么大。然而，特色小镇所需要的创新和对应的时空条件与以往完全不同，其所需要的创新要素的集合、创新的难度和强度前所未有，建设特色小镇所需要的条件远远超过了一般综合体、房地产等项目的开发。特色小镇需要相对优越的交通环境，但由于它往往不在大都市的中心区，因此周边并没有太多的资源可以支持它。

特色小镇建设周期长

业内专家指出，一个真正的特色小镇，从规划到建设、到运营、到基本的功能完备，最起码需要20年时间。以浙江省为例，浙江的许多特色小镇开发已持续一二十年甚至更长的时间。不仅如此，浙江相当多的特色小镇是从其他类型的空间、产业开发中脱胎而来的，其扎根某一产业已经有相当长的时间，有着很深的产业基础和文化底蕴。因此，在漫长的建设、运营期，特色小镇的建设成果、产生的效益无法在短期内显现，无论是对政府还是社会资本、金融机构来说都是一大挑战。如果急于在一届政府任期之内打造多少个特色小镇，显然是拔苗助长，违背特色小镇建设规律，将不会产生预期的效果。

建设特色小镇一定要有长远的谋划，正所谓“罗马不是一天建成的”，特色小镇不是三五年就能建成的，不可能一蹴而就。

特色小镇建设面临资金困难

特色小镇投资规模大

特色小镇建设具有涉及项目多、投资规模大的特点。以我国特色小镇的发轫地浙江省为例，统计监测数据显示，2016 年前三季度，130 个省级特色小镇创建和培育对象完成固定资产投资（不包括住宅和商业综合体项目，下同）1 101.1 亿元。其中，第一批 36 个创建对象投资 371.0 亿元，平均每个小镇 10 亿元左右；第二批 42 个创建对象投资 395.7 亿元，平均每个小镇 9.4 亿元。52 个培育对象投资 334.5 亿元，平均每个小镇 6.4 亿元，创建对象的投资力度明显大于培育对象。所有省级特色小镇创建和培育对象中，梅山海洋金融小镇固定资产投资额近 25 亿元，临安云制造小镇、桐乡毛衫时尚小镇、义乌丝路金融小镇、路桥沃尔沃小镇、宁海智能汽车小镇、金华新能源汽车小镇、萧山机器人小镇等的固定资产投资额都在 15 亿元以上。

我国经济步入缓增长，政府财政压力大

我国经济增长放缓。在经历了长达数十年的经济高速增长后，近年来，由于国内国际经济形势发生变化，我国经济步入缓增长。在出

口方面，受制于欧美经济不景气和人民币升值，此前一直高速增长的出口不断受到各方因素的挤压。此外，随着我国经济增速逐步放缓，财政收入增长亦随之减速。

政府债务压力大。政府财政压力进一步加大，地方政府融资平台风险成为目前国内金融体系最严重的三大风险之一。虽然总体可控，但部分地区已经出现偿债风险。

多项重大工程面临巨大资金缺口。目前我国推广的几大重点工程，投融资需求都是巨量的。随着我国新型城镇化建设的飞速发展，由此带来高达42万亿元的城镇基础设施建设和公共服务投融资需求。“十三五”期间，我国将深入实施大气、水、土壤污染防治“三大行动”计划。[1]国家“大气十条”“水十条”“土十条”先后出台，投资规模高达17万亿元。无论是新型城镇化建设还是环境治理领域“三大行动”计划，抑或近几年国家先后推出的智慧城市建设、海绵城市建设、地下综合管廊等重点工程，都面临巨大的资金缺口。

受到上述因素的影响，特色小镇建设中，政府面临资金方面的难题。

---

[1] 2013年9月，《大气污染防治行动计划》（又称“大气十条”）出台，对近五年大气污染治理工作提出了具体和明确的目标。2015年4月，《水污染防治行动计划》（又称“水十条”）的出台彰显了中央政府治理水环境污染的决心。2016年5月，《土壤污染防治行动计划》（又称“土十条”）出台，土壤修复行业开始“预热”。

我国经济发展不平衡，地区差异大

当前，我国区域经济发展不平衡，东西部差异很大。东部发达地区和西部欠发达地区建设特色小镇面临的问题有所不同。体现在产业经济版图上，东部经济发达地区（如浙江、江苏、上海等地）特色产业较为集中，既有历经数百年甚至上千年洗礼的传统经典产业，又有日新月异引领世界潮流的战略新兴产业，可以说是有“老”（传统产业）有“新”（战略新兴产业），有基础，有层次，有强劲的持续发展力。而西部经济欠发达地区则战略新兴产业少，产品附加值不高，以旅游产业为主，持续发展力还有待提高。

特色小镇建设乱象与误区

在特色小镇的建设热潮中，出现了许多有违国家特色小镇建设初衷甚至为未来小镇建设和运营埋下隐患的乱象，如部分地方政府在特色小镇建设上急于求成、拔苗助长，搞“形象工程”“任务工程”甚至“政绩工程”，导致特色小镇建设“走样”。此外，部分地方政府在推广特色小镇的过程中，还存在不少误区。

特色小镇建设乱象

一哄而上的“政绩小镇”

在国家大力推广建设特色小镇的利好政策出台后，部分地方政府热情高涨。热潮之下，一些有违国家建设特色小镇初衷的“乱象”浮出水面：盲目跟风、一哄而上……事实是，我国相当一部分地方根本不具有传统历史经典产业或战略新兴产业的基础，部分地方政府仍不顾地方经济实际情况和产业基础，尤其是在产业、人文、旅游等特色小镇的核心元素不具备的情况下“大干快上”，斥巨资建设所谓的特色小镇。

有的地方政府以行政命令规定特色小镇建设的时间、数量、规模，将建设特色小镇变成了“政绩工程”，喊出很多脱离地方经济和产业实际的口号，提出许多不切实际的计划和规划。一时间，有关特色小镇的各种有名无实的概念甚嚣尘上，误导了社会公众。

拿特色小镇当“金字招牌”与“摇钱树”

由于中央和地方政府对特色小镇在经济、土地以及人才等方面有优惠政策，因此特色小镇与非特色小镇相比具有明显的资源优势。但部分地方政府只是将特色小镇作为“金字招牌”和“摇钱树”。自 2016 年 7 月国家层面提出加快构建特色小镇以来，部分地方政府为了得到补贴、奖励，赶着“打造”各类特色小镇，甚至为了“特色小镇”而“特色小镇”，没有跳出“农区变景区，田园变公园，民房变客房，产品变商品”的老框框。

以“运动战”方式建设特色小镇

部分地方政府没有完全领会国家推广特色小镇的目的和宗旨，没有深刻理解特色小镇的精髓，陷入传统思维模式的误区，认为特色小镇不过是又一场“运动战”，只看重特色小镇的“名”与“形”，而回避特色小镇的“神”与“魂”。因此敷衍塞责，不认真挖掘本地特色产业。

缺乏长远的战略眼光

由于没有从战略的高度用长远的目光看待特色小镇，在特色小镇建设上马后，部分地方出现了“重建设，轻运营”和“重当前，轻长远”的倾向。实际上，特色小镇建设是一个长远的系统工程，关系到小镇的过去、现在和长远的未来，非一朝一夕所能完成。不仅如此，对特色小镇而言，建设只是“万里长征走完了第一步”，更大的困难和更加严峻的考验还在未来数十年甚至更长。科学的态度是从当前建设阶段开始，就要考虑未来漫长岁月的运营和管理，为未来运营奠定坚实的基础。

规划老套，定位同质化

规划上没有创新，以旧有观念和主观思维规划，定位同质化现象严重，“千镇一面”，缺乏创意，导致小镇规划老套，产业不突出，吸引力不够，特色小镇“特色”不足，含金量不高，“特色小镇”自然名不副实。多数情况是产业开发与文化创意脱节，当地的人文、旅游等资源没有得到充分利用。体现在小镇建设上就是产业特色不鲜明、环境风貌无特色、人文旅游不诱人，整体承载能力较差。

规划老套、没有创新的小镇，是一种重复建设，不仅没有吸引力和竞争力，还将造成巨大的浪费，让地方政府和社会资本背上沉重的包袱。可以预见，没有创新、没有特色、没有竞争力的“特色小镇”不具备持久发展的活力和动力，注定走不远。

假借特色小镇的名义大搞房地产建设

在开发商大举拿地盖房、卖房赚快钱的发展模式成为过去式的当下，相当多的房地产开发商又将目光瞄准了特色小镇。而此前“人为造城”的先例，让部分地方政府和房地产开发商错误地认为特色小镇不过是历史的重演，因此假借特色小镇的名义搞房地产开发。实际上，特色小镇建设不是原来意义上的城镇化，不是建新城，绝不能用建新城的思路来规划建设特色小镇。

特色小镇建设误区

将特色小镇建设习惯性地理解为“政府主导”

鉴于此前我国的许多重大项目都是在政府的主导下完成的，因此，对于特色小镇建设，通常认为也是由政府主导。实际上，“政府引导、企业主体、市场化运作”这13个字已为特色小镇建设作了注解。即政府在特色小镇中的职责和功能非常明确：不是“主导”，而是“引导”；不是“大包大揽”，而是“引领导向”；不是“抓微观工作”，而是“抓宏观大势”。因此，特色小镇需要鼓励以各类社会资本（国企、民企、外资以及混合所有制企业）为主建设，广泛征求投资主体（产业资本、金融资本以及个人投资者等）、各方专家及社会公众的意见，还要充分发挥第三方中介机构的作用。

将特色小镇等同于“特色镇”

特色小镇非镇非园非区，是位于城市周边且具有明确产业功能、文化功能、旅游功能和社区功能的重要功能平台。而“特色镇”是一个行政区域概念，此“特色”非彼“特色”：特色小镇的“特色”指的是要有特色产业，要么是传统历史经典产业，要么是战略新兴产业，当然也包括特色旅游产业；特色镇则不以特色产业为前提，其要么是有产业特色，要么是有交通功能特色，要么是有人文旅游特色等。

将特色小镇等同于“美丽乡村”

美丽乡村，应满足党的第十六届五中全会提到有关建设社会主义新农村的重大历史任务时提出的“生产发展、生活宽裕、乡风文明、村容整洁、管理民主”等具体要求。美丽乡村更多强调乡村第一、第二、第三产业融合作为产业支撑，依靠本村村民的自治，管理和保护好乡村生态环境等。特色小镇虽然主要位于城市周边、农村地区，且离不开乡村本地，但从根本上来讲，其与美丽乡村在形态和功能上都不一样：特色小镇虽有乡村本地特征，但更多的是融合特色产业、先进技术、雄厚资本和优秀人才等各类高端要素于一体的发展单元；在管理方式上不是“自治”，而是强调由公众共同参与治理的现代化的社会管理体系。

如何改变特色小镇发展乱象

部分地方在特色小镇建设中出现的乱象，已经引起专业人士的警惕，业内人士表达了诸多担忧：特色小镇建设是否会严重“走样”，像以前一样又是一场圈地造城运动？是否会是一个个分散在各地的烂尾工业园？是否会是走走形式，摆摆样子？是否会是地方政府留给下一任政府的大包袱？是否会造成巨大的人力物力浪费？

当下，最重要的是正本清源，让特色小镇建设回到国家推广此战略的本意。

避免盲目跟风、一哄而上

面对特色小镇建设的大热潮，无论是地方政府还是各类社会资本方，都要保持清醒的认识，避免盲目跟风、一哄而上，否则将造成不利的后果：一是小镇低水平建设、同质化竞争，“千镇一面”，行业利润下滑。如果是社会资本方担纲，那么社会资本方无利可图，极易因失去投资兴趣而退出。二是一哄而上建设的特色小镇运营成本高企，会为后期运营留下重重隐患。特色小镇需要精打细磨，在条件不具备的情况下仓促上马，其结必然是投入越大，浪费越大，未来背上的包袱越沉重。

2016 年 10 月底，国家发展改革委发布了《关于加快美丽特色小（城）镇建设的指导意见》（发改规划〔2016〕2125 号，以下简称《指导意见》），指出坚持因地制宜。从各地实际出发，遵循客观规律，挖掘特色优势，体现区域差异性，提倡形态多样性，彰显小（城）镇独特魅力，防止照搬照抄、“东施效颦”、一哄而上。

《指导意见》指出，要坚持产业建镇。根据区域要素禀赋和比较优势，挖掘本地最有基础、最具潜力、最能成长的特色产业，做精做强主导特色产业，打造具有持续竞争力和可持续发展特征的独特产业生态，防止“千镇一面”。《指导意见》还指出，要坚持创新探索。创新美丽特色小（城）镇的思路、方法、机制，着力培育供给侧小镇经济，防止“新瓶装旧酒”“穿新鞋走老路”，努力走出一条特色鲜明、产城融合、惠及群众的新型小城镇发展之路。

明确特色小镇培育路径

目前我国大部分省份已明确了特色小镇培育目标和支持政策，组织编制了规划，稳步有序推进特色小镇建设工作。对于部分地方出现的培育对象过多、盲目推进建设、缺乏产业支撑、规划管控不够等问题，住建部将建立全国小城镇建设监测信息系统，及时发现并制止问题。此外，住建部还将组织各省份进行自查，并将于每年对特色小镇开展检查评估，包括小城镇规划、新增建设用地规模、产业落地情况等方面，对培育工作开展好的予以财政奖励，对问题多的进行通报批评、约谈，责成地方政府进行整改。

关键是强化政府引导和绩效考核

为了规避特色小镇建设过程中的乱象，强化政府的引导和考核机制非常必要。

强化政府引导

在特色小镇建设的过程中，应该始终坚持并强化政府的引导作用，将“政府引导、企业主体、市场化运作”作为根本，通过规划布局、创新制度供给和基础设施建设等来发挥引导和服务功能。特色小镇建设的关键，是政府在土地供给、城镇规划、基础设施以及公共服务等方面给予引导和指导，吸引更多的优质社会资本进入，让公众享受发展红利的同时，也为社会资本提供更多投资机会。以浙江湖州丝绸小镇为例，小镇自启动建设以来，当地政府只扎实做好两件事：一是研究规划，二是选择投资主体，这种提纲挈领式的方式成效非常明显。

政府部门要注重规划先行。规划是设计、投融资、建设和运营的前提，没有强有力的、科学的规划，特色小镇极易南辕北辙。投资越大，越不容易转向，到最后损失也越大。因此，地方政府要围绕产业“特而强”、功能“聚而合”、形态“精而美”、文化“特而浓”做好小镇规划。具体来说，政府要充分发挥规划引领作用，高水平编制规划，不仅要编制概念性规划，还要编制控制性详规，实行多规融合，并突出规划的前瞻性、协调性、操作性和有效性，以确保规划可落地。

2017 年 1 月，国家发展改革委联合国家开发银行出台了《关于开发性金融支持特色小（城）镇建设促进脱贫攻坚的意见》（发改规划〔2017〕102 号），指出要坚持主体多元化、合力推进；还要求加强规划引导；加强对特色小（城）镇发展的指导，推动地方政府结合经济社会发展规划，编制特色小（城）镇发展专项规划，明确发展目标、建设任务和工作进度。事实上，早在 2015 年 5 月，浙江省政府就率先出台了《浙江省人民政府关于加快特色小镇规划建设的指导意见》（浙政发〔2015〕8 号），指出在运作方式上，特色小镇建设要坚持政府引导、企业主体、市场化运作，既凸显企业主体地位，充分发挥市场在资源配置中的决定性作用，又加强政府引导和服务保障，在规划编制、基础设施配套、资源要素保障、文化内涵挖掘传承、生态环境保护等方面更好地发挥作用。

需要特别强调的是，在特色小镇建设中，政府的作用是引导，社会资本方才是主体。更进一步而言，一定要充分发挥市场机制的作用，激发社会资本方的活力，保障小镇运营持续的动力。

注重项目谋划，做好招商工作。在精心编制规划的同时，政府还要在产业招商方面下功夫，紧紧围绕确定的“特色产业”谋划一大批好项目，出台优惠政策，引进资金雄厚、技术先进和管理经验丰富的社会资本（包括产业资本和金融资本），目的是将特色小镇的规划落到实处。

以下是一个特色小镇招商不成功的案例，值得业内人士引以为戒。

【案例 2-1】

某“艺术小镇”的失败

某片区拥有得天独厚的自然人文条件和地理条件，几年前聚集了大量小作坊，对附近的生态环境造成了影响。为此，当地政府提出在保护生态的前提下发展文化产业。该地被定位为“艺术小镇”，目标是建成一个集创意设计、艺术原创、旅游休闲、民间收藏展示等于一体的文化创意产业园。作为当地的重点投资项目和旧改项目，在政府规划及相关项目建设开始实施之后，“艺术小镇”的名声吸引了一批来自全国各地的个体艺术工作者前来定居，由此带旺了当地的艺术氛围。

不过，由于当地未出台具体的发展规划，加上管理服务配套不到位，当地房屋租赁价格开始无序猛涨（为支持“艺术小镇”发展，引进更多艺术人才，当地政府原计划统一收购本地居民的房子进行改造后再出租给艺术工作者，并提供福利补贴。但在当地环境提升后，村民却将房租提升一倍至数倍，导致政府无法接受，最后不了了之），艺术工作者生存压力加重，再加上小镇自身艺术条件匮乏，缺乏艺术创作、交流、交易或展示平台，导致政府请进来的艺术工作者因创作环境不佳而选择离开。“艺术小镇”高峰时期有艺术工作者近千人，几年后减少到不足200人，艺术类店铺越来越少。

加强绩效考核，以创建制代替审批制

加强对特色小镇建设的绩效考核，是促使特色小镇科学规范建设的重要保障。多年来，由于受传统计划经济体制影响，在我国许多行政管理领域应用行政审批制度，一度促进了我国经济社会的发展，成为一种国家管理行政事务的重要制度。不过，实践经验表明，行政审批制度❶在严格和规范地方建设的同时，其自身存在的问题越来越突出，最明显的是部分地方政府为获得国家财政补贴而不顾地方实际情况盲目申报建设项目，结果背上了沉重的债务包袱。对于我国大力推广且正处于起步阶段的特色小镇建设，行政审批制度显然不太适用。

为了科学规范特色小镇建设，部分地方提出“宽进严定”，开始用创建制❷代替审批制，并建立特色小镇的退出机制，对考核不合格的地方“摘牌”。如我国特色小镇建设的先行者浙江省采取创建制，其核心

---

❶ 行政审批是指行政机关（包括有行政审批权的其他组织）根据自然人、法人或者其他组织提出的申请，经过依法审查，采取“批准”、“同意”、“年检”发放证照等方式，准予其从事特定活动、认可其资格资质、确认特定民事关系或者特定民事权利能力和行为能力的行为。根据统计，我国现有150多个法律、行政法规和规章对行政审批做出了规定，这些规定涉及国防、外交、公安、经济、城市管理等20多个领域、50多个行业。

❷ 创建制由浙江省首创，是指由县（市、区）政府向省特色小镇规划建设工作联席会议办公室自愿报送创建特色小镇书面材料，省级相关职能部门以及省特色小镇规划建设工作联席会议办公室分批审核，凡符合特色小镇内涵和质量要求的，均纳入省重点培育特色小镇创建名单；纳入创建名单只是规划建设的开始，入围后特色小镇创建对象也不能直接享受到省里有关支持政策；只有在年度考核合格或验收命名后，特色小镇才能获得土地和财政方面的支持。概括来说，创建制就是一个明确目标、竞争入队、优胜劣汰、达标授牌的过程。

是只有地方政府做出了成绩才能享受到政策优惠[1]，这从制度上保障了特色小镇建设的科学性。

浙江对特色小镇进行年度考核，特色小镇申报时的初审与考核内容主要包括四个方面，即规划空间（分城乡规划符合度、环境功能区规划符合度、土地利用规划符合度、城乡接合部符合度、规划面积、建设面积、特色小镇规划编制情况等七个指标项）、功能内涵（分是否符合产业定位要求、规划空间独立连片接近度、规划与产业定位的吻合度、特色产业投资比、3A或5A景区建设标准符合度、文化功能挖掘、小镇客厅规划情况等七个指标项）、投资建设（分3年或5年总投资、备案和签约项目投资占总投资比重、年度计划投资、1—9月完成统计入库项目投资额、当年预计完成投资、投资强度等六个指标项）和扶持政策（分是否出台专门政策、资金支持内容、土地支持内容、今后3年或5年可用建设用地、人才支持内容等五个指标项），一共25个指标项。同时，划分为100%、80%～99%、60%～79%、

[1] 2015年5月，浙江省政府发布《关于加快特色小镇规划建设的指导意见》。根据该意见，小镇在创建期及验收后，其新增财政收入上交省财政部分，前3年全额返还，后2年返还一半。同时，对如期完成目标的小镇，省里按实际使用用地指标数量的50%给予用地指标配套奖励，产业类特色小镇按60%给予用地指标配套奖励；对3年内未达到规划目标任务的地方，加倍倒扣省奖励的用地指标。

40% ~ 59%、40% 以下等五个层级（有些指标项为“有或无”、“是或否”两个层级）。

经浙江省特色小镇规划建设工作联席会议办公室组织考核，浙江省政府审定，2015 年度省级特色小镇创建对象评选出了优秀、良好、合格、警告、降格小镇。其中，余杭梦想小镇、诸暨袜艺小镇、上城玉皇山南基金小镇等 7 个获评优秀小镇，临安云制造小镇、桐乡毛衫时尚小镇、海宁皮革时尚小镇等 9 个被评为良好小镇，其他 17 个为合格小镇。此外，还有 3 个特色小镇被警告，1 个特色小镇由创建对象降为培育对象。[1]

又如，天津市在特色小镇建设中，将市级特色小镇年度建设任务纳入市人民政府对各区年度目标考核体系。对未完成年度目标考核任务的特色小镇实行退出机制，下一年度起不再给予市级特色小镇扶持政策支持。

---

[1] 媒体报道称，某滨海养生小镇总面积约 3 平方千米、实际可开发面积 1 平方千米，因为创建一年后固定资产投资、特色产业投资、税收收入、服务业营业收入、工业企业主营业务收入、旅游接待总人数等均为零，该滨海养生小镇被降格为省级特色小镇培育对象。该滨海养生小镇之所以出现创建一年后各项指标均为零的结果，主要原因在于项目本身基础设施差，相关产业基础等于一张白纸。进一步分析发现，原本签订投资框架协议且意向投资的主投资方撤资，因为当地经济比较落后，财力有限，再加上受国内国际宏观经济环境不景气影响，产业资本最终撤出。

2016年年底，山东省人民政府发布《山东省创建特色小镇实施方案》，计划到2020年创建100个左右特色小镇。按照方案要求，特色小镇申报每年组织一次，按照创建内容，凡具备创建条件的均可申报。同时引入第三方评价机构，每年评价一次，实行动态管理制度。对第一年没有完成规划建设投资目标的，给予黄牌警告；对连续两年没有完成规划建设投资目标的，取消特色小镇创建资格。

充分发挥企业的能动作用

如上所述，“政府引导，企业主体，市场化运作”是特色小镇的理念。在特色小镇的建设中，地方政府的主要职能是做好小镇的规划、保护生态环境，为小镇的建设和运营提供优质的服务（包括政策服务和行政服务等），其余的事项都交由企业，充分发挥企业的能动作用（重点是资金保障、技术应用和运营管理等功能）。浙江省之所以在特色小镇建设方面取得了长足的进展，与其一开始就坚持以企业为主体并采取市场化运作密不可分。台州路桥沃尔沃小镇由吉利集团主导建设，项目依托吉利V汽车项目，打造以汽车产业、汽车文化、汽车旅游为特色的小镇。主要分为三大功能区：一是吉利沃尔沃整车生产基地，用地 1 101 亩，总建设面积 39.39 万平方米，计划总投资 38 亿元。二是汽车零部件产业基地，总规划用地约 2 200 亩，总投资约 53.5 亿元。三是北欧风情生活区，投资 7.9 亿元，占地 359 亩。衢州龙游红木小镇由浙江年年红家具集团一手创建，项目按照“制造基地 + 文化旅游”模式，全力打造以国学文化为基础，以紫檀文化为背景，融艺术观赏、文化研究、生态游憩、养生度假于一体的中国红木文化小镇。红木小镇规划占地 3 600 亩，建成后，将有 2.5 万人居住，到 2019 年将完成投资 80 亿元。西湖云栖小镇则由阿里巴巴集团与转塘科技经济园区联手打造（下文有关于云栖小镇的专门介绍）。

特色小镇不能异化为房地产小镇

2016 年 7 月，住建部等联合发布《特色小镇培育通知》，提出到 2020 年，培育 1 000 个左右的特色小镇。随后，在全国范围内兴起了一轮特色小镇热，多个省份密集推出特色小镇建设工作方案，有的省份计划建设 100 个，有的省份则达到 200 个。对此，住建部相关负责人表示，要科学确定重点镇和特色小镇，合理控制数量。

房企扎堆试水特色小镇建设

房地产开发商此前的发展模式是大举拿地盖房、卖房赚快钱。但在国家加大对房地产调控、大城市地价高企、房地产企业利润大幅下滑等背景下，转型成为房地产开发商的必经之路。部分房地产企业开始向养老、金融、物业等方向拓展。随着国家大力推动特色小镇建设，房地产企业纷纷将目光瞄准这一全新的领域。事实上，在如火如荼的特色小镇建设大潮中，房地产企业正成为其中的主角：2016 年以来，在短短半年不到的时间里已有多家房企发布了自己的特色小镇战略。华夏幸福、碧桂园、华侨城、绿城、时代地产等多家房企纷纷试水特色小镇建设（见表 2–1）。

表 2–1　国内部分房企的“特色小镇”战略

企业	时间	具体内容
绿城	2016 年 5 月	绿城要在未来 5 ~ 10 年在上海、杭州、北京周边做出 5 ~ 10 个农业小镇。其中小镇距离上海、杭州等城市三五十千米，一个小镇需要 3 平方千米土地，其中两平方千米是农业，1 平方千米用于开发建设，形成 3 万人规模的小镇
华侨城集团	2016 年 5 月	华侨城集团分别与成都金牛区政府、大邑县政府、双流区政府以及成都文旅集团签署合作协议，拟投资超千亿元打造天回、安仁、黄龙溪三大名镇。3 个项目占地面积分别为 10 平方千米、15 平方千米以及 16.68 平方千米。此外，2016 年 11 月，华侨城与深圳光明新区管委会签署战略合作框架协议，将打造占地约 11 平方千米的绿色生态旅游区“光明小镇”，项目计划投资超 500 亿元

续表

企业	时间	具体内容
碧桂园集团	2016 年 10 月	碧桂园集团签下第四个科技小镇项目：与广东省东莞市黄江镇政府签订“科技小镇”合作计划（目前碧桂园集团已有 3 个科技小镇项目开动，均在广东惠州，分别是惠东稔山科技生态城项目、惠州潼湖创新小镇项目、惠州潼湖科学城项目）。按照碧桂园的战略规划，将借由科技小镇全面进军产业地产。碧桂园方面认为，高新企业快速集聚到一线、二线城市后造成房价高企、交通拥挤、空间狭小，使得企业运营成本不断升高，产业持续发展面临问题。而在深圳周边地区打造科技小镇，将有助于解决这些问题
华夏幸福	2016 年 11 月	华夏幸福与南京市溧水区政府达成战略合作，首次向外界宣布了该公司特色小镇战略。该项目为南京空港会展小镇，占地 2 平方千米，建筑面积 50 万平方米，计划打造成为亚洲空港的专业会展中心，按照设想每年将为区域贡献 15 亿元的会展收入。华夏幸福相关人士还指出，华夏幸福将充分借鉴已有的 PPP 模式经验，将 PPP 模式引入特色小镇建设
时代地产集团	2016 年 12 月	时代地产集团对外宣布启动“时代未来小镇战略”：未来 5 年内将从珠三角起步，投资 30 个“未来小镇”项目，总投资金额约 9 000 亿元

防止特色小镇的“房地产化”倾向

在特色小镇的建设过程中，一些地区出现了借特色小镇建设之名行房地产开发之实的现象，部分房企借“特色小镇”之名开发建设房地产，而部分地方政府为追求地方经济增长也迎合房地产企业的要求，新的房地产热苗头已经出现。特色小镇的发展一旦引入房地产，就会拉高土地成本，特色产业则难以实现发展，最后会演变为房地产一业独大，并带来大量的小镇库存，这需要引起高度警惕。

业内一致的观点是，特色小镇建设一定要处理好“产业”与“地产”的关系，控制好地产开发的比例和节奏。产业和地产一旦失衡，就极易陷入特色小镇房地产化的泥潭，特色小镇就会异化为“房地产小镇”，特色产业将被淹没在水泥森林中，“小镇”变“睡城”。

坚持产业立镇

特色小镇需要严格的产业条件、人文条件、旅游条件才能建起来。特色小镇以产业为根基，以运营为持久发展力，这与传统的房地产开发模式具有根本的差异。

国家发展改革委相关人士指出，无论是特色小镇还是特色小城镇，无论是东部还是西部，如果搞大拆大建、搞房地产开发，那么肯定会出现“空镇”“鬼镇”现象，因此千万不能脱离产业去搞特色小城镇建设。住建部相关负责人表示，要科学确定重点镇和特色小镇，合理控制数量，避免一哄而上，同时还要防止违法违规圈地搞开发。

2017 年 5 月，北京市发展和改革委员会、农村工作委员会、规划和国土资源管理委员会、住房和城乡建设委员会等多部门联合发布《关于进一步促进和规范功能性特色小城镇发展有关问题的通知》，强调强化功能管控，严格落实首都城市战略定位，积极承接中心城功能疏解和转移，重点聚焦生态、旅游休闲、文化创意、教育、体育、科技、金融、总部等领域；坚持镇域统筹规划，编制镇域整体规划方案，将功能性特色小城镇纳入全市重点区域规划管控，严格按区域功能定位审批相关规划，实现“多规合一”，确保“一张蓝图绘到底”；加强产业管控，对新增产业禁限目录中的项目，项目审批、核准、备案部门不予批准；节约集约利用城乡建设用地，以功能、产业和人口合理确定建设规模，严禁打着特色小城镇的名义违法违规搞圈地开发，严禁整体镇域开发，严禁搞大规模的商品住宅开发；科学安排建设时序，建立小城镇镇域整体平衡的发展机制，不搞一次性授权，不能一哄而上；完善决策机制，原则上采用竞争方式确定项目开发建设主体，对国有经营性用地严格落实土地招拍挂制度，集体产业用地试点探索联营联建等利用方式。区域重点发展的产业项目，可将产业发展要求等作为土地供应前置条件，防止无序竞争，引导特色产业发展。

需要说明的是，国家严禁的是房地产企业打着特色小镇的名义搞房地产开发，但不能矫枉过正，并不是限制和禁止房地产企业介入特色小镇建设。事实上，在特色小镇做起来且发展到一定的规模后，需要完善社区功能、配套服务时，房地产企业是大有用武之地的。如一个特色小镇在形成产业聚集后，需要引进大量优秀的技术人才、金融人才和管理人才，就需要配套建设人才公寓、图书馆、博物馆、中小学等，这就需要房地产企业的进入。正如业内权威专家所言，特色小镇要重视产业立镇，避免房地产化。培育特色小镇不可能没有房地产企业进入，但要重视培育产业，防止特色小镇变成房地产小镇。

03
特色小镇建设商业模式

特色小镇以何种商业模式开发建设运营，是传统以政府为主导的投融模式，还是以近几年开展得红红火火的 PPP 模式（政府与社会资本合作）？无论是对特色小镇引导者、规划者还是广大的投资者、建设者和运营者，这都是需要面对的现实问题。

特色小镇建设的商业模式

特色小镇建设一旦启动，采取何种开发运营模式就是当务之急要解决的问题。

开发模式

调研发现，当下我国特色小镇建设主要有以下开发模式。

土地一级开发。即投资者只做小镇土地的一级开发，从中直接获得经济利益。此外，还可以通过补贴等方式享受土地升值带来的收益。

二级房地产开发。具体来说，这种模式包括六大类：居所地产、商铺型地产、客栈公寓型地产、周末型居所地产、度假型居所地产以及养老地产。投资者通过二级房地产开发实现投资收益。

产业项目开发。这种模式主要包括两类：特色产业项目开发和旅游产业项目开发。投资者通过产业项目的开发实现投资收益。

产业链整合开发。这种模式主要包括两大产业链：特色产业链和泛旅游产业链。具体来说，一个小镇经过漫长的积淀之后，形成了某一个产业，政府部门和投资者需要围绕这个行业做文章，重点是做大核心产业，延伸产业链条，构建一个区域产业生态圈。

城镇建设开发。这种模式主要包括三大类：第一类是为小镇提供包括公共交通、供水、污水处理、垃圾处理等在内的市政服务；第二类是为小镇提供管理服务；第三类是为小镇提供配套服务，如学校、医院、养老机构、文化馆、体育馆等。

建设运营模式

特色小镇的建设和运营应采取什么样的模式？建设和运营的主体是谁？地方政府在其中扮演什么样的角色？

北京市社会科学院副院长赵弘指出，从全国范围看，特色小镇的建设主要有三种模式：第一种模式是“政府引导、企业建设”，如北京密云古北水镇，是由中青旅根据密云区的城镇发展规划要求投资建设的旅游特色小镇（自 2014 年古北水镇营业以来，已成为京郊旅游度假的新亮点，不仅有效带动了周边地区民俗旅游、生态农业、餐饮娱乐、民俗节庆、旅馆住宿等相关产业的发展，也促进了农村的城镇化进程。下文将有详细介绍）；第二种模式是“政企合作、联动建设”，如浙江杭州云栖小镇，是由杭州市西湖区政府与阿里巴巴云公司及转塘科技经济园两大平台共同打造的一个以云生态为主导的产业小镇；第三种模式是“政府建设、市场招商”，如北京基金小镇是由北京市文资办、北京市房山区政府与文资泰玺资本联手打造的。

投融资模式

概括来说，特色小镇建设投融资模式主要有两类：一类是政府以平台公司的模式投资建设。不过，2014 年 10 月 2 日，国务院发布《关于加强地方政府性债务管理的意见》（国发〔2014〕43 号，以下简称 43 号文），明确提出“剥离融资平台公司政府融资职能，融资平台公司不得新增政府债务”。43 号文对地方债务开启了严监管模式，使地方政府融资能力大幅受限。另一类是各类社会资本以 PPP 模式参与投资。

从国家对特色小镇建设的要求来看，“政府引导、企业主体、市场化运作”是特色小镇建设的关键，其含义是政府搭建事业平台，为特色小镇建设提供服务（重点是小镇的定位、规划和建设运营监督）。而在特色小镇的建设中，主体应该是通过市场化的手段引进的实体企业和各类社会资本，而非政府部门。

此外，特色小镇建设无论采取哪种模式，都需要外部资金的帮助，主要包括商业银行信贷资金、开发性银行政策资金、政府贴息、各类基金、资产证券化等。

特色小镇建设需要各参与方真诚合作

特色小镇建设的主体，主要有政府、社会资本（产业资本和金融资本）、运营公司、当地的集体经济组织等。要科学、规范、快速地建设特色小镇，必须发挥各类主体的积极作用。中国房地产数据研究院院长陈晟认为，一般而言，特色小镇建设涉及四类机构的合作，即政府投融资平台、小镇或村集体经济组织、产业运营集团和专业投资机构。

政府投融资平台是特色小镇建设的保障

如前所述，虽然我国经济发展进入新常态，国家出台 43 号文严控地方债，但在特色小镇建设中，需要有一个牵头主体、引导主体、规划主体，这个主体非政府投融资平台莫属。一方面，政府投融资平台代表政府，有规划的优势，其主要职责是完成特色小镇规划、基础设施建设、优化政府供给等引导性工作，这是其他任何主体都无法完成的任务；另一方面，政府投融资平台的参与能起到增信作用，激发社会资本的投资积极性。这一点在 PPP 模式下体现得尤为明显：政府投融资平台与社会资本共同组建 PPP 项目公司，以 PPP 项目公司的名义投融资、建设和运营，政府投融资平台在分担社会资本投资风险的同时，还起到项目增信的作用。

特色小镇建设需要社会资本的参与

特色小镇建设具有投资规模大、持续时间长、技术和管理门槛高等特点，在地方政府财政压力大的背景下，地方政府无论在资金、技术还是管理方面都远不能承担起建设特色小镇的重任。我国要搞好特色小镇的建设，关键是解决好三个方面的问题，即“钱”、“地”和“人”。首先，在“钱”的问题上，对地方政府而言，亟须引进资金雄厚的社会资本，以解决特色小镇建设过程中资金不足的难题。建设特色小镇，靠地方政府单打独斗肯定不行，必须以市场化的手段，凭“梧桐树”招来“金凤凰”。

事实上，特色小镇建设离不开社会资本的参与。如特色小镇要求

"产业特色鲜明"，产业是特色小镇的根基和灵魂，而产业的发展壮大，需要借助产业资本尤其是大的产业资本的帮助。以浙江杭州云栖小镇为例，在阿里巴巴等公司的积极参与下，镇内集聚了阿里云、华通云等80多家涉云企业，成为一个名副其实的"云产业"特色小镇。2016年2月，国家发展改革委举行新闻发布会，重点推广浙江的特色小镇，云栖小镇成为特色小镇的典型案例。

【案例 3-1】

浙江云栖小镇[1]

云栖小镇是杭州西湖区计划依托阿里巴巴云公司和转塘科技经济园区两大平台打造的一个以云生态为主导的产业小镇。云栖小镇是浙江省首批创建的37个特色小镇之一，小镇地处杭州西湖区南部，位于杭州之江国家旅游度假区核心区块，环山绕水，风景优美。小镇规划面积3.5平方千米，2016年已投入使用的产业空间面积为20万平方米。

云栖小镇着力建设以云计算为核心，大数据和智能硬件产业为主

---

[1] 浙江10个特色小镇的成功开发案例：梦想小镇、青瓷小镇、云栖小镇［N/OL］.2018-08-01［2017-08-03］.http：//www.360doc.com/content/16/0801/04/2562808_579906957.shtml.

导产业的云计算产业生态聚集地。在云栖小镇，西湖区计划建一个面积约 5 000 平方米的 IT 信息产业历史博物馆，展示以云计算为特色的互联网 IT 产业的发展历程；成立一个阿里云技术学院（云栖学院），为园区企业提供云计算技术培训和学习交流等。小镇还打造了美丽云社区，为创业者和工程师等提供舒适的美丽环境。

建设成果显著

2015 年阿里云开发者大会正式更名为“云栖大会”，并且永久落户云栖小镇。2015 年“云栖大会”召开，超过 20 个国家的 21 500 名开发者、219 家参展企业、3 000 多家参与企业、42 584 人次到现场参观、全球超 127 万人收看直播……此外，阿里巴巴集团 B2B 全球峰会、菜鸟智慧物流峰会等一系列大会接连召开，云栖小镇的全球知名度和影响力飙升。

云栖小镇的经济发展情况同样可用数字来说明：2015 年，云栖小镇技工贸总产值近 80 亿元，其中涉云产值接近 30 亿元；2016 年，小镇已累计引进包括阿里云、富士康科技、英特尔、中航工业、银杏谷资本、洛可可设计集团在内的各类企业 433 家，其中涉云企业 321 家；目前，云栖小镇产业覆盖大数据、App 开发、游戏、互联网金融、移动互联网、数据挖掘等各个领域，已经逐步形成较为完善的云计算产业链条。云栖小镇计划以云计算为科技核心，以阿里云计算为龙头，通过 3 ~ 5 年的努力，打造富于科技人文特色的中国首个云计算产业生态小镇，实现产值 100 亿元、税收 5 亿元以上。

云栖小镇建设经验解读

研究发现，“政府主导、名企引领”的创新模式，是云栖小镇快速发展的重要基础。

政府主导与支持。2012年12月，在杭州市的支持下，西湖区政府发布《关于促进杭州云计算产业园发展的政策扶持意见（试行）》，计划在转塘科技园的基础上，加快建设杭州云计算产业园，政府扶持新注册涉云企业，根据注册资金的不同，给予不同的扶持政策；对在园区新设立（或新引进）的企业总部（或大企业大集团），给予资助。

名企引领。2013年4月，杭州云计算产业园与阿里巴巴集团阿里云公司达成合作，在园区共建阿里云创业创新基地。阿里云专门制定了引企扶持政策并发挥名企引领作用：凡园区入驻企业在阿里云官网云市场里宣传、推广、售卖的云产品和服务，阿里云免收三年佣金；园区入驻企业基于阿里云平台进行有助于云计算生态圈的开发工作产生的费用，可以向阿里云申请云示范补贴。正如浙江杭州云栖小镇负责人所说：“我们不求数量，但引进的一定是行业内一流的企业。我们对云计算、大数据、无人机等高端项目给予特别关注。”

依托当地特色资源

特色小镇不是只具有某一项功能，而是产业、人文、旅游和社区功能“四位一体”和生产、生活、生态“三生融合”的小镇。缺了哪一项功能，都不能称其为“特色小镇”。因此，小镇建设需要依托当地的特色资源（如土地、旅游景点等）。进一步分析发现，这些特色资源往往被小镇或村集体经济组织所持有。在此背景下，要建设特色小镇，就离不开集体经济组织，必须考虑集体经济组织的利益，充分调动其积极性，如解决劳动力就业、入股分红，等等，最终实现政府、社会资本、企业和集体经济组织的共赢。否则，特色小镇建设将面临极大的阻碍，困难重重。浙江横店影视小镇就是一个成功的例子。

【案例 3-2】

浙江横店影视小镇

横店镇位于浙江省中部、东阳市南部，距东阳城区 18 千米，距省会城市杭州 160 千米，距金华 90 千米，处于江、浙、沪、闽、赣 4 小时交通旅游经济圈内。辖区面积 121 平方千米，其中建成区面积 13.7 平方千米，下辖 6 个办事处、10 个社区、18 个行政村，常住人口 16.8 万，户籍人口 9.16 万，其中建成区常住人口 11.5 万。2015 年全镇实现地区生产总值 138.1 亿元，固定资产投资 101.2 亿元，国地税收入 30.3 亿元，财政总收入 34.6 亿元。横店影视小镇由生产队合并后逐步形成，对农民、投资者和影视剧作者的利益等都有综合考虑。小镇仿制了诸多已消失的历史名苑、名园，如阿房宫、圆明园、大观园等。现在我国 60% 的大型历史题材电视剧都在这里拍摄完成，每年还吸引游客几百万名。

发挥运营机构的作用

“建设”只是特色小镇的一个部分，即使成功建设也只是一个新起点，真正考验特色小镇能否成功的是长期的运营。换句话说，要保证特色小镇持续健康稳定地发展，具有专业能力和强大市场号召力的运营机构必不可少。调研发现，市场上并不缺乏专业运营机构，此类机构在项目规划阶段就已经提前介入，为未来小镇日常运营和确保小镇可持续发展奠定坚实的基础。

特色小镇建设中的政府角色和功能定位

众所周知，建设特色小镇是一项长期的任务，一个成熟的特色小镇建设时间长达二三十年。不仅如此，特色小镇建设主体复杂，既有地方政府，有包括国企、外资、民企以及混合所有制在内的社会资本，又有包括银行、基金、信托、保险等在内的金融机构，还有产业链上的供应商、运营商，等等。毫无疑问，在特色小镇建设中，起牵头和引领作用的是地方政府。

特色小镇建设中政府的角色定位

在特色小镇建设中，政府到底应该扮演怎样的角色，又该如何发挥这个角色的作用呢？

2016年10月底国家发展改革委发布的《关于加快美丽特色小（城）镇建设的指导意见》（发改规划〔2016〕2125号），指出，要按照“政府引导、企业主体、市场化运作”的要求，创新建设模式、管理方式和服务手段，提高多元化主体共同推动美丽特色小（城）镇发展的积极性。2016年12月，国家发展改革委、国家开发银行、中国光大银行、中国企业联合会、中国企业家协会、中国城镇化促进会共同发布的《关于实施“千企千镇工程”推进美丽特色小（城）镇建设的通知》（发改规划〔2016〕2604号）中强调，“千企千镇工程”，是指根据“政府引导、企业主体、市场化运作”的新型小（城）镇创建模式，搭建小（城）镇与企业主体有效对接平台，引导社会资本参与美丽特色小（城）镇建设，促进镇企融合发展、共同成长。此外，2015年5月，浙江省政府率先出台了《浙江省人民政府关于加快特色小镇规划建设的指导意见》（浙政发〔2015〕8号），指出在运作方式上，特色小镇建设要坚持政府引导、企业主体、市场化运作，既凸显企业主体地位，充分发挥市场在资源配置中的决定性作用，又加强政府引导和服务保障，在规划编制、基础设施配套、资源要素保障、文化内涵挖掘传承、生态环境保护等方面更好地发挥作用。

由此可以明确的是，在特色小镇建设中，政府主要扮演“引导员”和“服务员”的角色，重点在规划编制、基础设施配套、文化内涵传承、生态环境保护等方面发挥作用。

特色小镇建设中政府的功能定位

特色小镇建设有两个最为重要和突出的主体：一个是政府部门（主要负责小镇规划、监督和引导），另一个是企业（主要负责小镇建设、投融资和运营）。可以说，政府和企业，二者缺一不可，否则特色小镇建设无从谈起，更不可能建设成功。换句话说，如果只是地方政府“剃头挑子一头热”，企业没有参与建设的积极性，那么创建特色小镇只能是空谈。同样的道理，如果只是企业一厢情愿地建设特色小镇，政府部门没有热情，或者不引导、不规划，小镇不仅建设缓慢，而且有可能由于社会资本的利益驱使而“房地产化”，丧失持续发展动力，最后成为只有特色皮毛而没有特色灵魂的“四不像”。因此，如何处理好与企业的关系，既发挥企业的积极性，又对企业进行有效监督，对地方政府来说无疑是一个严峻的挑战。

浙江大学新型城镇化研究中心教授张蔚文认为，政府的定位要准确，政府是公共服务的供应商，有责任决定公共服务的数量和质量，并在资金上和执行上给予保证，但政府不一定非得自己生产服务，供应服务和生产服务这两者可以而且经常是分离的。此外，政府的一项重要职责是规范那些影响城镇居民公共福利、健康及安全的私人行为，比如规范并监督基础设施建设质量，防止“豆腐渣”工程；建立健全的社会保障体系，以吸引优秀人才，减少外来人员后顾之忧等。

多元化投资主体

虽然特色小镇建设是由政府部门规划和引导的，但归根结底其投资主体和运营主体还是社会资本方，进一步来说是各类实体企业。因此，政府一定要转变观念，在特色小镇建设中充分发挥社会资本的主体作用。以浙江巧克力小镇为例，小镇实际上由一家公司长期运营，经过不断完善小镇的各项功能，引进优质企业，吸引优秀人才，慢慢地发展成为远近闻名的特色小镇。

特色小镇战略下的各方机遇

特色小镇在全国呈燎原之势，各社会资本方以及中介咨询机构都将目光瞄准了这块大“蛋糕”：一是社会资本方，如产业资本、金融机构、投资机构甚至个人投资者。分析其中的原因，一个重要的方面是我国经济发展进入新常态，“资产荒”亟待破解，无论是产业资本还是金融资本都急需寻找新的投资项目。二是房地产商。如前所述，在国家大力调控房地产、城市优质地块越来越少的背景下，房地产商正在努力寻求产业转型升级，自然会将触角伸到特色小镇这种新兴业态上。特色小镇也涉及房地产，如医疗、养老机构的建设。事实上，部分房地产商正以“医疗＋养老”的模式借势进军特色小镇建设领域，且取得了相当大的进展。三是中介咨询机构。由于特色小镇建设在我国还处于起步阶段，且涉及投融资、建设、管理、运营等多个专业领域，需要复杂的法律、金融、财务、技术和管理等方面的专业知识。而当下我国各级地方政府还缺乏这方面专业的人才和可资借鉴的案例，在特色小镇建设运营上存在不足，急需借助第三方力量的支持。因此，中介咨询机构的专业支持在特色小镇建设过程中显得尤为重要。从另一个角度看，对中介咨询机构而言，特色小镇建设领域蕴含着大量的商业机会，市场空间巨大，通过参与这个新兴的领域，中介咨询机构自身也可获得快速的发展。

特色小镇建设需要金融助力

一个显而易见的事实是，特色小镇的特点是投资规模大、建设和运营周期长。“兵马未动，粮草先行”，要打造特色小镇，资金问题是摆在地方政府面前的头等大事。因此，目前要大力推广特色小镇，急需金融助力。

特色小镇建设的五种融资渠道

当下我国特色小镇建设融资渠道主要有政府资金、社会资本、政策性资金、开发性金融和商业金融五种。要加快特色小镇建设，必须充分认识并发挥这五种融资渠道各自的作用：

政府资金的“引导作用”。如国家发展改革委等部门给予符合条件的特色小镇项目专项资金支持，中央财政对建设较好的特色小镇发放的适当奖励等。

社会资本的“主体作用”。特色小镇建设的理念是“政府引导、企业主体、市场化运作”，此处的“企业主体”主要是指社会资本方，而社会资本方参与特色小镇建设，一个重要的方面是给予资金支持，缓解政府财政压力。同时社会资本方还拓宽了自己的投资渠道，能够获得未来长期收益。

政策性资金的“助推作用”。如中国农业发展银行将特色小镇建设作为信贷支持的重点领域，开辟办贷绿色通道，对相关项目优先受理、优先审批，提供中长期、低息贷款。

开发性金融资本的“特殊作用”。如前所述，特色小镇具有建设和运营期长的特点，而开发性金融机构可以发挥自身优势，为特色小镇建设提供长期大额资金[1]。

---

[1] 目前，我国特色小镇建设多采取PPP模式，而PPP模式下社会资本急需金融机构的支持。为此，2015年3月，国家发展改革委、国家开发银行联合印发《关于推进开发性金融支持政府和社会资本合作有关工作的通知》，对发挥开发性金融积极作用、推进PPP项目顺利实施等工作提出具体要求。国家开发银行在监管政策允许范围内，对PPP项目实施差异化信贷政策，一是加强信贷规模的统筹调配，优先保障PPP项目的融资需求；二是对符合条件的PPP项目，贷款期限最长可达30年，贷款利率可适当优惠；三是建立绿色通道，加快PPP项目贷款审批；四是贯彻《国务院关于创新重点领域投融资机制鼓励社会投资的指导意见》中关于“支持开展排污权、收费权、集体林权、特许经营权、购买服务协议预期收益、集体土地承包经营权质押贷款等担保创新类贷款业务”的要求，积极创新PPP项目的信贷服务。

商业金融资本的"促进作用"。各类商业银行应配合地方政府做好引进企业、发展特色产业、征地拆迁等工作，并根据特色小镇的实际需求和建设进度，推出特色信贷融资产品。

政策引导金融机构助力特色小镇建设

国家部委和政策性金融机构助力特色小镇建设

国家发展改革委发布的《关于加快美丽特色小（城）镇建设的指导意见》（发改规划〔2016〕2125号），鼓励政府利用财政资金撬动社会资金，共同发起设立特色小镇建设基金；鼓励国家开发银行、农业发展银行、农业银行，以及其他金融机构加大金融支持力度；鼓励有条件的小城镇通过发行债券等多种方式拓宽融资渠道。

2016年10月，住建部、中国农业发展银行联合发布了《关于推进政策性金融支持小城镇建设的通知》（建村〔2016〕220号），充分阐述了政策性金融在小镇建设中的作用，在支持范围、贷款项目库、项目管理等方面做出了明确的要求。并指出，小城镇是新型城镇化的重要载体，是促进城乡协调发展最直接、最有效的途径。各地要充分认识培育特色小镇和推动小城镇建设工作的重要意义，发挥政策性信贷资金对小城镇建设发展的重要作用，做好中长期政策性贷款的申请和使用工作，不断加大小城镇建设的信贷支持力度，切实利用政策性金融支持，全面推动小城镇建设发展。

2016年12月，国家发展改革委发布了《关于实施“千企千镇工程”推进美丽特色小（城）镇建设的通知》（发改规划〔2016〕2604号），要求完善支持政策。“千企千镇工程”的典型地区和企业，可优先享受有关部门关于特色小（城）镇建设的各项支持政策，优先纳入有关部门开展的新型城镇化领域试点示范。国家开发银行、中国光大银行将通过多元化金融产品及模式对典型地区和企业给予融资支持，鼓励引导其他金融机构积极参与。“国家开发银行、中国光大银行各地分行要把特色小（城）镇建设作为推进新型城镇化建设的突破口，对带头实施‘千企千镇工程’的企业等市场主体和特色小（城）镇重点帮扶，优先支持。”

作为服务国家战略的开发性金融机构，国开行将积极贯彻“创新、协调、绿色、开放，共享”五大发展理念，集中资源、精准发力。支持重大战略、重大项目、重大工程和重点客户。谋划长远，积极探索，主动培育，支持科技创新、智慧城市、高端装备制造、特色小镇、健康养老等新经济新业态新产业。

2017年1月，国家发展改革委联合国家开发银行出台了《关于开发性金融支持特色小（城）镇建设促进脱贫攻坚的意见》（发改规划〔2017〕102号），指出要坚持规划引导、金融支持。根据各地发展实际，精准定位、规划先行，科学布局特色小（城）镇生产、生活、生态空间。通过配套系统性融资规划，合理配置金融资源，为特色小（城）镇建设提供金融支持，着力增强贫困地区自我发展能力，推动区域持续健康发展。

2017年1月，住建部、国家开发银行联合发布《关于推进开发性金融支持小城镇建设的通知》（建村〔2017〕27号）指出，小城镇建设任务艰巨，资金需求量大，迫切需要综合运用财政、金融政策，引导金融机构加大支持力度。开发性金融支持是推动小城镇建设的重要手段，是落实供给侧结构性改革的重要举措。并指出重点支持内容：一是支持以农村人口就地城镇化、提升小城镇公共服务水平和提高承载能力为目的的设施建设。主要包括土地及房屋的征收、拆迁和补偿；供水、供气、供热、供电、通讯、道路等基础设施建设；学校、医院、邻里中心、博物馆、体育馆、图书馆等公共服务设施建设；防洪、排涝、消防等各类防灾设施建设。重点支持小城镇污水处理、垃圾处理、水环境治理等设施建设。二是支持促进小城镇产业发展的配套设施建设。主要包括标准厂房、众创空间、产品交易等生产平台建设；展示馆、科技馆、文化交流中心、民俗传承基地等展示平台建设；旅游休闲、商贸物流、人才公寓等服务平台建设，以及促进特色产业发展的配套设施建设。三是支持促进小城镇宜居环境塑造和传统文化传承的工程建设。主要包括镇村街巷整治、园林绿地建设等风貌提升工程；田园风光塑造、生态环境修复、湿地保护等生态保护工程；传统街区修缮、传统村落保护、非物质文化遗产活化等文化保护工程。

商业银行政策支持特色小镇建设

2017 年 4 月，住建部发布《住房城乡建设部　中国建设银行关于推进商业金融支持小城镇建设的通知》（建村〔2017〕81 号），指出基于当前小城镇建设任务重、项目多、资金缺口大等现状，迫切需要通过商业金融支持特色小镇建设。一是加大信贷支持力度，中国建设银行将统筹安排年度信贷投放总量，加大对小城镇建设的信贷支持力度。对纳入全国小城镇建设项目储备库的推荐项目，予以优先受理、优先评审和优先投放贷款。二是做好综合融资服务，充分发挥中国建设银行集团全牌照优势，帮助小城镇所在县（市）人民政府、参与建设的企业做好融资规划，提供小城镇专项贷款产品。根据小城镇建设投资主体和项目特点，因地制宜提供债券融资、股权投资、基金、信托、融资租赁、保险资金等综合融资服务。三是创新金融服务模式，中国建设银行将在现有政策法规内积极开展金融创新。探索开展特许经营权、景区门票收费权、知识产权、碳排放权质押等新型贷款抵质押方式。探索与创业投资基金、股权基金等开展投贷联动，支持创业型企业发展。

住建部与建设银行总行签署了《共同推进小城镇建设战略合作框架协议》，建立部行工作会商制度，为小城镇建设创造良好的政策环境和融资环境。建行公司业务部相关人士表示，基于支持特色小镇建设的政策，建行将推出至少 1 000 亿元的意向融资额度。

此次商业金融机构支持特色小镇建设，主要涵盖了从基建投资❶到具体工程建设❷再到运营管理❸三个层面的投融资事项。

地方政府财政金融政策支持特色小镇建设

各地方政府也结合本地情况出台支持政策。

---

❶ 主要包括：道路、供水、电力、燃气、热力等基础设施建设；企业厂房、仓库、孵化基地等生产设施建设；学校、医院、体育场馆、公园、小镇客厅等公共设施建设；居民拆迁安置、园林绿化等居住环境改善设施建设；河湖水系治理、建筑节能改造、新能源利用、污水和垃圾处理等生态环境保护设施建设。

❷ 主要包括：街巷空间、建筑风貌等综合环境整治工程建设；传统街区保护和修缮、非物质遗产活化等传统文化保护工程建设；双创平台、展览展示、服务平台、人才交流等促进特色产业发展的配套工程建设。

❸ 主要包括：基础设施的改扩建、运营维护；运营管理企业的经营周转；优质企业的生产投资、经营周转、并购重组等。

例如，福建省《关于开展特色小镇规划建设的指导意见》中明确指出，特色小镇范围内符合条件的项目，将优先支持其向国家开发银行、中国农业发展银行等政策性银行争取长期低息的融资贷款。鼓励特色小镇完善生活污水处理设施和生活垃圾处理收运设施，省级财政给予“以奖代补”资金倾斜支持。

又如，2015年10月，中国人民银行杭州中心支行、浙江省特色小镇规划建设工作联席会议办公室联合下发《关于金融支持浙江省特色小镇建设的指导意见》（杭银发〔2015〕207号），提出六个重点：一是拓宽融资渠道，支持特色小镇项目建设。加大对特色小镇项目的信贷支持，支持特色小镇项目发债融资，引导社会资金参与特色小镇建设，加强金融机构与PPP项目的融资对接。二是创新金融产品，助推特色小镇产业发展。发展特色小镇产业链融资，支持特色小镇创业创新，加强特色小镇文化与金融结合，鼓励开展互联网金融创新。三是完善支付体系，提升特色小镇金融服务便利化程度。完善特色小镇支付基础设施，分类推进特色小镇非现金支付业务应用，对以历史经典、旅游、时尚等产业为特色的小镇，重点推动使用银行卡结算，实施支付结算各项便利措施。四是优化网点布局，完善特色小镇金融服务体系。加强特色小镇银行网点建设，推动设立专营机构。五是加强多方合作，支持金融特色小镇做优做强。为特色小镇各类金融产品提供全程配套支付服务，鼓励银行业金融机构与特色小镇的企业投资、风险投资、天使投资等开展合作，实现投贷联动。六是加大政策扶持，优化特色小镇金融生态环境。加强货币政策工具的引导和支持，深化特色小镇信用体系建设，建立并完善农户信用档案和“三信”创建成果的转化机制。

再如，为充分整合现有政策资源，支持特色小镇建设，江苏省《关于培育创建江苏特色小镇的指导意见》明确对特色小镇建设的专项支持政策，创新特色小镇建设投融资机制，激发市场主体活力，推进政府和社会资本合作，鼓励利用财政资金撬动社会资金，共同发起设立特色小镇建设基金。鼓励金融机构加大金融支持力度。支持特色小镇发行企业债券、项目收益债券、专项债券或集合债券用于公用设施项目建设。[1]

---

[1] 江苏省《关于培育创建江苏特色小镇的实施方案》指出，要强化财政扶持，对纳入省级创建名单的特色小镇，在创建期间及验收命名后累计3年内，每年考核合格后给予200万元奖补资金。将列入省级创建名单的特色小镇符合要求的项目纳入相关引导资金补助范围。鼓励和引导政府投融资平台和财政出资的投资基金，加大对特色小镇基础设施和产业示范项目支持力度。在融资支持方面，支持设立特色小镇产业投资基金。创建期间，支持特色小镇发行企业债券、项目收益债券、专项债券或集合债券等各类债权融资工具用于特色小镇公用设施项目建设。支持特色小镇范围内符合条件的项目申请国家专项建设基金、省级战略性新兴产业发展专项资金、省级现代服务业发展专项资金和省PPP融资支持基金等。通过多元化融资产品及模式对省级特色小镇给予融资支持。省级层面组织特色小镇与各类金融机构和社会资本开展战略合作，推进差别化投融资创新，帮助协调解决重点难点问题。

哪些特色小镇容易获得资金支持

资源整合型。依托资源禀赋优势和历史文化传承，立足传承与创新，实现生产要素的最佳组合和生产关系的优化布局。

产业集聚型。依托高端要素集聚和产业转型升级，以最优的政策，培育最具竞争力的核心产业，围绕单个产业打造完整的产业生态圈，培育具有行业竞争力的“单打冠军”。

“互联网 +”型。依托互联网的溢出效应，以高新技术和高端人才为引领，推动技术、项目、资金等各类创新要素快速汇聚，培育以互联网产业为特色的新一代信息技术产业和以科技金融为重点的现代科技服务业，探索O2O众创空间。

特色小镇建设的投融资方式

概括来说，特色小镇建设融资方式主要有如下几种：政策性或商业性的银行贷款、发行债券、专项基金或产业基金、信托计划、融资租赁、资产证券化等。

银行信贷

目前我国资本市场还不成熟，项目投资主要依靠银行等金融机构的支持。在当下各地特色小镇建设大潮中，社会资本表现出了浓厚的兴趣。而为支持特色小镇建设，政策性银行、开发性金融机构、商业银行以贷款、基金等灵活多样的方式给予了资金扶持。

发行债券

根据我国现行债券规则，满足发行条件的企业、政府与社会资本成立的 PPP 项目公司（有的是社会资本方单独成立，有的是社会资本联合体成立）可以在银行间交易市场发行永（可）续票据、中期票据、短期融资债券等债券融资，也可以经国家发展改革委核准发行企业债和项目收益债，还可以在证券交易所公开或非公开发行公司债。

发行债券是政府和社会资本直接融资的一种有效的金融工具。在近几年出现的 PPP 项目中，不乏污水处理、垃圾处理、环境治理等领域的债券融资。由于社会资本本身也存在资金不足的问题（PPP 项目投资规模动辄数亿元、数十亿元甚至上百亿元），需要对外融资以完成项目的投资、建设和运营。近年来，国内债券产品不断涌现，债券在提高社会资本积极投资 PPP 项目的同时，也加速了项目的落地。同样，特色小镇也具有投资规模大、建设和运营周期长的特点，多数情况下也需要地方政府与社会资本以 PPP 模式合作，因此，发行债券成为支持社会资本介入特色小镇建设、促进特色小镇加快建设的重要金融工具。

成立基金

在我国大力推广特色小镇的大背景下，通过金融创新，成立各种类型的基金是推动特色小镇建设的重要路径之一。在支持特色小镇建设的各类基金中，主要有产业投资基金和政府引导基金[1]。进一步细分还有 PPP 产业基金等。统计显示，2014 年以来，我国多地成立了 PPP 产业基金。2015 年 9 月，财政部联合中国建设银行等 10 家机构共同发起设立中国政府和社会资本合作（PPP）融资支持基金，基金总规模 1 800 亿元，将作为社会资本方重点支持公共服务领域 PPP 项目发展，提高项目融资的可获得性。2015 年 12 月，财政部下发《关于财政资金注资政府投资基金支持产业发展的指导意见》（财建〔2015〕1062 号），规范设立运作支持产业的政府投资基金，财政资金注资设立政府投资基金支持产业，要坚持市场化运作、专业化管理，以实现基金良性运营。

2016 年 10 月，由中国开发性金融促进会等单位牵头发起的“中国

[1] 政府引导基金是指由政府财政部门出资并吸引金融资本、产业资本等社会资本联合出资设立，按照市场化方式运作，带有扶持特定阶段、行业、区域目标的引导性投资基金。

特色小镇投资基金”正式启动。投资基金采取母子基金的结构，母基金总规模为500亿元，未来带动的总投资规模预计将超过5 000亿元，主要投资于养生养老、休闲旅游、文化体育、创客空间、特色农业等各类特色小镇。

2015年以来，浙江积极推动各级政府设立产业基金，吸引带动社会资本增加投入。截至2016年10月，浙江政府产业基金累计撬动社会资本3 790.77亿元投入实体经济。与此同时，浙江积极推进该省产业基金及区域基金与相关市县合作，设立与特色小镇建设相关的子基金，有力地支持了特色小镇建设。此外，江苏、北京、广东等地也非常注重发挥政府基金对特色小镇的助推作用，如北京市设立了总规模100亿元的小城镇发展基金，引导全市42个重点小城镇打造成旅游休闲、商务会议、园区经济等五类特色小镇。

实施资产证券化

资产证券化是通过在资本市场和货币市场发行证券筹资的一种直接融资方式，是指以基础资产未来所产生的现金流为偿付支持，通过结构化设计进行信用增级，在此基础上发行资产支持证券的过程。据统计，国内发行的资产支持证券总规模2014年为3 300亿元，2015年为6 100亿元，2016年为8 400亿元。[1]

能够被证券化的基础资产必须能够产生持续、稳定的现金流。从特色小镇项目来看，其基础资产符合资产证券化的要求。以特色小镇建设内容所涵盖的公共基础设施项目（供水、供暖、供气、污水和垃圾处理、医疗和养老服务设施等）为例，其具备受众面较广、收费机制透明、价格稳定和现金流稳定的特点。

2016年12月，国家发展改革委和证监会发布《关于推进传统基础设施领域政府和社会资本合作（PPP）项目资产证券化相关工作的通知》（发改投资〔2016〕2698号），要求各省级发展改革委推荐拟进行证券化融资的传统基础设施领域PPP项目。2017年3月，我国首批三个PPP项目资产证券化产品落地，分别为：中信证券—首创股份污水处理PPP项目收费收益权资产支持专项计划（总规模5.3亿元）、华夏幸福固安工业园区新型城镇化PPP项目供热收费收益权资产支持专项计划（总规模7.06亿元）、广发恒进—广晟东江环保虎门绿源PPP项目资

❶ 资产证券化在一些国家运用非常普遍。如美国一半以上的住房抵押贷款、四分之三以上的汽车贷款是靠发行资产支持证券提供的。

产支持专项计划（总规模3.2亿元）。

可以预见，未来随着我国资产证券化政策的日益成熟，此种金融工具将在特色小镇建设领域发挥重要的作用。

04
特色小镇“携手”PPP 模式

一边是国家大力推广的 PPP 模式，一边是从中央到地方都在大力推动的特色小镇创建工作。可以说，PPP 与特色小镇成为当下中国经济的新热点。那么，PPP 与特色小镇二者有何辩证关系？答案是：特色小镇建设促进 PPP 模式发展，PPP 模式激发特色小镇活力。在全国上下大力推动特色小镇建设的风潮之下，众多社会资本看到了特色小镇产业蕴藏的市场机遇，并以 PPP 模式积极介入特色小镇建设。

特色小镇建设热潮和 PPP 模式的推广热潮形成一股合力，给正在市场上寻觅商机的社会资本带来了一种全新的发展思路。

PPP 模式成为发展特色小镇的最佳选择

特色小镇建设方兴未艾，必将带来巨大的投资需求，PPP 模式亦将开拓一个全新应用领域，有力支持特色小镇发展。

引入 PPP 模式的原因：遭遇“资金难”

特色小镇投资规模大

自 2016 年 7 月住建部、财政部、国家发展改革委等部门提出加快发展特色小镇以来，各地迅速兴起大举兴建特色小镇的高潮。如江西省政府提出用一年半时间分两批打造 60 个特色小镇；河北省计划未来用三年时间打造 100 个特色小镇，每个投资达 20 亿元；江苏省镇江市宣布2017年将投入80亿元打造8个特色小镇……

特色小镇建设具有投资规模大、运营时间长等特点。以江苏省为例，《关于培育创建江苏特色小镇的实施方案》指出，在主攻产业内谋划一批重点建设项目，高端制造业特色小镇，原则上3年内要完成项目投资50亿元，苏北、苏中地区投资额可放宽至标准的80%。新一代信息技术、创意创业、健康养老、现代农业、旅游风情和历史经典特色小镇，原则上3年内要完成项目投资30亿元。第一年完成投资不少于总投资额20%，且投资于特色主导产业的占比不低于70%。以上投资均不含住宅项目。

我国经济发展步入缓增长，政府财政压力大

当下，虽然我国各级地方政府对建设特色小镇很感兴趣，但地方政府面临诸多困难，其中最大的难题是政府财政压力大，没有足够的资金投资建设。

虽然江苏、浙江、广东等工业基础扎实、商业底蕴深厚的地方来说，政府财政相对来说压力较小。但对一些财政比较薄弱的地区尤其是中西部地区而言，政府投入大量资金搞特色小镇建设显然并不现实。一方面，地方政府债务压力较大，地方债风险已成为目前国内金融体系最严重的三大风险之一；另一方面，43号文对地方债务开启了严监管模式，使地方政府融资能力大幅受限。此外，特色小镇所需的土地拨备很难一次性到位，对于项目的推进效率将产生比较大的影响。因此，特色小镇建设投融资模式及后续的运营管理模式是决定特色小镇建设速度、质量与效果的关键所在。

可以说，拥有充足、持续、稳定的资金来源是特色小镇健康发展的前提和保障，资金问题是特色小镇建设的头等大事。在地方政府资金不足的情况下，亟待实现特色小镇建设投资主体的多元化，建立以地方政府为引导、社会资本广泛参与的融资模式。

我国特色小镇的开发模式主要有土地一级开发模式，二级房地产开发，以及小城镇综合开发三种模式，不同的开发模式对应的资金供给模式不同。具体就特色小镇而言，其资金供给应该以企业为主，政府则是提供政府服务和优化投资环境。从目前来看，PPP模式是实现政府、社会资本方（包括产业资本和金融资本）以及其他各利益相关方利益的优选模式。

PPP模式是解决特色小镇发展“资金难”的重要方式

在国家大力推广特色小镇建设的背景下，巨大的投资市场随之形成。浙江启动建设特色小镇一年多以来，一共有两批 79 个小镇被列入名单，预计未来将创建 100 个特色小镇，每个小镇 3 年内投资 50 亿元，因此至少有 5 000 亿元左右的投资规模。按照河北省创建 100 个特色小镇的规划，每个小镇 3 年内要完成固定资产投资 20 亿元，直接投资需求至少 2 000 亿元。在巨大的投资需求面前，在我国已经推广 3 年且取得丰硕成果和成功经验的 PPP 模式，将成为特色小镇建设的有力支持。

PPP 模式能够综合使用财政资金和社会资本，以解决政府基础设施建设和社会公益事业项目资金不足的问题。在特色小镇建设过程中积极引入 PPP 模式，可以解决地方政府资金不足的问题，大大缓解政府的财政压力。从特色小镇建设的角度而言，PPP 模式应用于特色小镇建设有其可行性和必要性。

特色小镇发展借力 PPP 模式是现实需要

PPP 模式下，作为社会资本方，其优势在于拥有雄厚的资金、先进的技术和丰富的管理经验，而特色小镇建设强调的是“产业、人文、旅游、社区”等各种要素的整合，因此需要大量的资金、技术，以及强大的宏观策划能力、管控能力和运营能力。如前所述，一方面，在我国经济发展进入新常态的背景下，地方政府面临较大的财政压力；另一方面，地方政府的特长是宏观规划、出台政策和行使监督职能，在技术和运营等微观事务方面并不擅长（之前由政府平台运营的供水、污水处理厂等就充分说明政府在具体运营方面的能力有所欠缺）。可以说，PPP 模式的优势正好弥补政府在特色小镇建设方面的不足，即在 PPP 模式下，社会资本以专业化的手段突破当地资金和能力方面的瓶颈。

PPP 模式是一种市场化的投资回报机制，能够充分发挥社会资本的积极性，促成各方力量建立合作伙伴关系：PPP 模式下，除政府与社会资本之间建立的 PPP 合同关系外，还有政府与中介咨询机构之间建立的委托合同关系、社会资本与金融机构（如银行）之间建立的信贷关系、社会资本与供应商之间建立的买卖合同关系、社会资本与运营机构之间建立的委托运营关系等，通过这些主体明确、关系交互的合作网络体系，能够充分发挥各类主体的动能，这对特色小镇的健康发展非常有利。

特色小镇引入 PPP 模式的目的

发挥 PPP 模式市场化机制的作用

在特色小镇建设中引入 PPP 模式，根本的目的就是基于 PPP 模式和特色小镇共同的理念（即市场化），建立一种基于市场化的投资回报机制，动员产业资本、金融资本、专业咨询机构等各方力量形成一种伙伴式的关系，整合各方的资源，发挥各方的优势和长处，从而更加科学、规范地促进特色小镇的建设。

特色小镇建设需要市场化运作，而市场化要求有优质的社会资本参与，即由资金实力雄厚、技术先进、管理经验丰富的社会资本参与小镇的规划、设计、投融资、运营，这与当下我国大力推广的PPP模式——一种能够充分发挥市场化机制作用的模式十分契合。

总的来说，特色小镇市场化操作可以采用PPP模式，由地方政府以委托、特许经营等方式操作，引进包括产业资本、金融资本在内的各类所有制企业参与，发挥PPP模式市场化机制的作用。

让社会资本“当主体、唱主角”

对于PPP，财政部2014年给出的定义是：政府与社会资本为提供公共产品或服务而建立的全过程合作关系，以授予特许经营权为基础，以利益共享和风险分担为特征，通过引入市场竞争和激励约束机制，发挥双方优势，提高公共产品或服务的质量和供给效率。在PPP模式下，政府的职责主要是对项目进行行政监督，减少对微观事务的过度参与，从而让社会资本“当主体、唱主角”，让专业的人做专业的事。这对加快政府职能转变，有效提高公共服务产品的供给效率和质量具有重要作用。研究表明，与传统的投融资模式相比，采取 PPP 模式运作的项目平均为政府部门节约 17% 的费用，并且建设工期任务都能按时完成。因此，政府部门引进的优质社会资本以 PPP 模式建设特色小镇，社会资本能够发挥自身的优势，集约、节约、绿色、高效地建设特色小镇，提高特色小镇建设的效率，最终实现政府、社会资本方和社会公众的多方“共赢”。

降低和分散特色小镇建设和运营风险

在特色小镇建设中采用 PPP 模式，政府和社会资本约定各自的权利和义务，能够降低和分散多方面的风险。地方政府按照 PPP 法规政策履行招投标手续[1]，引进优质社会资本参与特色小镇建设，社会资本

---

[1] 财政部、国家发展改革委以及相关部门相继出台了一系列有关 PPP 项目的政策措施，部分地方政府也出台了相应的配套政策。在制定交易规则方面，在市场化条件下，为了与最适合项目本身的社会资本合作，政府在公开招标、签订特许经营权协议方面，严格遵循“公开、公平、公正”原则。“公开”即要求 PPP 项目招投标、特许经营权协议在订立过程中严格按照国家法律法规执行，做到程序透明、内容公开，减少或杜绝政府在上述过程中滥用职权。“公平”就是政府要公平对待每一个合同相对方，使每个相对方都有获得合同的同等权利和机会，最终寻找到最适合项目本身、有实力的社会资本。“公正”就是要求政府与社会资本的合作洽谈，做到程序和内容上的公正。

则凭借其较强的综合实力和风险控制能力，提高特色小镇建设过程中的整体风险控制能力。财政部《关于印发政府和社会资本合作模式操作指南（试行）的通知》（财金〔2014〕113号）中规定，按照风险分配优化、风险收益对等和风险可控等原则，综合考虑政府风险管理能力、项目回报机制和市场风险管理能力等要素，在政府和社会资本间合理分配项目风险。原则上，项目设计、建造、财务和运营维护等商业风险由社会资本承担，法律、政策和最低需求等风险由政府承担，不可抗力等风险由政府和社会资本合理共担。

与此同时，PPP也是特色小镇建设融资和运营管理的重要模式：一方面，化解地方政府债务风险、缓解政府财政压力和拉动国家经济快速增长；另一方面，负责社会公共职能的政府通过引入优质的社会资本，将社会资本先进技术和丰富的管理经验运用到PPP项目，在降低项目建设成本的同时，还有利于提高公共服务的运营效率和质量，提高人民群众的生活质量。

PPP 模式为特色小镇吸引专业人才

随着我国特色小镇的快速发展，急需大量技术、管理、财务、金融等方面的专业人才，以确保特色小镇科学规范地建设。而且，特色小镇运营是一个长期的过程，亦需要专业的运营团队。但特色小镇大多位于中心城市远郊区，与中心城市相比不具有竞争优势，因此在吸引和留住人才方面有一个积累的过程。在 PPP 模式下，地方政府和优质的社会资本方合作，社会资本方在为特色小镇建设解决资金问题的同时，也可以为小镇发展带来一批高素质的管理人才、技术人才和金融人才，为小镇的建设提供人才储备，从根本上解决小镇的长期运营问题。

特色小镇“携手”PPP模式的机理分析

特色小镇与PPP在诸多方面具有天然的一致性。

特色小镇与PPP在诸多领域有交集

特色小镇涉及的领域主要有两大类，一类是战略性新兴产业[1]，另一类是历史经典产业。以浙江省打造特色小镇为例，根据规划，

[1] 战略性新兴产业是以重大技术突破和重大发展需求为基础，对经济社会全局和长远发展具有重大引领带动作用，知识技术密集、物质资源消耗少、成长潜力大、综合效益好的产业。根据战略性新兴产业的特征，立足我国国情和科技、产业基础，现阶段重点培育和发展节能环保、新一代信息技术、生物、高端装备制造、新能源、新材料、新能源汽车等产业。

未来三年里浙江将重点培育100个特色小镇，在产业上聚焦信息、环保、健康、旅游、时尚、金融、高端装备制造等七大产业，兼顾茶叶、丝绸、黄酒、中药、青瓷、木雕、根雕、石雕、文房等历史经典产业。

进一步研究发现，特色小镇主要经营旅游、文化、健康、环保、养老、时尚、民宿等特色产业，需要大量的基础设施建设和公共服务。而根据国务院办公厅转发的财政部、发展改革委、人民银行《关于在公共服务领域推广政府和社会资本合作模式的指导意见》（国办发〔2015〕42号），PPP共包括能源、交通运输、水利建设、生态建设和环境保护、市政工程、片区开发、农业、林业、科技、保障性安居工程、旅游、医疗卫生、养老、教育、文化、体育、社会保障、政府基础设施和其他等19个行业。从这一点来说，特色小镇与PPP模式在交通运输、农业、养老、生态、旅游、环保、文化等领域具有天然的一致性。当下，我国PPP项目主要集中在交通运输、污水处理和垃圾处理、供水、供气、供暖、卫生、医疗、养老、文化、旅游等领域[1]，而这些项目都是特色小镇建设的重要内容。

下面以深圳市龙岗区甘坑新镇为例加以说明。

【案例 4-1】

深圳市龙岗区甘坑新镇

2016 年 5 月，深圳市龙岗区政府与华侨城集团公司等签署战略合作框架协议，由华侨城集团投资 500 亿元开发甘坑新镇。各方将围绕“文化 + 生态 + 旅游 + 科技 + 城镇化”战略模式，以“传统遇见未来”为主题，打造拥有六张国家级名片的特色小镇。华侨城集团是旅游产业央企，拥有很强的景区运营管理能力和相应的科技开发资质。甘坑新镇项目以 PPP 模式合作开发，大力发展新型文化创意产业，尤其是导入和培育具有高科技含量和高艺术水准的原创文化内容产业，形成高端文化创意产业园区。甘坑新镇将极大丰富

[1] 2016 年 10 月，财政部公布 516 个项目作为第三批 PPP 示范项目，计划总投资金额 11 708 亿元，项目覆盖了能源、交通运输、水利建设、生态建设和环境保护、市政工程、城镇综合开发、农业、林业、科技、保障性安居工程、旅游、医疗卫生、养老、教育、文化、体育、社会保障和其他 18 个一级行业。其中，市政工程、交通运输、生态建设和环境保护、城镇综合开发四类行业项目数最多，占比分别为 43%、12%、9%、6%，合计占比达 70%；交通运输、市政工程、城镇综合开发、生态建设和环境保护的投资额最大，占比分别为 43%、27%、10%、7%，合计占比达 87%。

游客的旅游体验，可以同时为不同地区、不同年龄层次的游客提供服务，并有助于延长游客停留时间，带动其他产业及周边其他景区景点发展。其目标是用三至五年初步建成中国内容文化创意产业的示范基地，实现年产值突破百亿、向千亿迈进的领军型文化产业聚集的新城镇。未来，甘坑新镇将在原有甘坑客家小镇的基础上，重点规划为五个功能区，包括华侨城（甘坑）文化旅游小镇、中国文学部落、绿道主题鲜花农庄、山水剧场公园和华侨城艺术家园。甘坑新镇项目对于深圳市、龙岗区发展旅游业、文化创意产业，树立高品质特色小镇模板具有重要的意义。

特色小镇与 PPP 的建设运营周期一致

通常情况下，建设运营一个特色小镇至少需要 20 年时间。而就 PPP 模式而言，财政部《关于进一步做好政府和社会资本合作项目示范工作的通知》（财金〔2015〕57 号）规定，政府和社会资本合作期限原则上不低于 10 年。财政部《关于印发政府和社会资本合作模式操作指南（试行）的通知》（财金〔2014〕113 号）指出，运用 BOT、TOT、ROT 模式的政府和社会资本合作项目的合同期限一般为 20 ~ 30 年。《基础设施和公用事业特许经营管理办法》（2015 年第 25 号令）规定，基础设施和公用事业特许经营期限应当根据行业特点、所提供公共产品或服务需求、项目生命周期、投资回收期等综合因素确定，最长不超过30年。

因此，从建设运营的周期来看，特色小镇与PPP模式比较一致。

PPP与特色小镇均着眼于供给侧改革

我国“十三五”规划强调扩大总需求的同时，着力加强供给侧改革[1]。PPP模式正是公共服务领域供给侧结构性改革的重要内容：一是我国经济发展进入新常态，以基础设施和公用事业为主要业务方向的PPP模式将充分发挥社会资本的资金优势和管理优势，扩大要素供给，增加公共产品供给，发展新兴产业。二是PPP模式已经被提升到国家治理现代化、市场发挥决定性作用、快速转变政府职能、建立现代财政制度和推进城镇化健康发展等机制变革的高度。PPP模式能够降低政府成本，提升公共效率，提高公共服务质量。三是PPP模式下，社会资本积极

[1] 供给侧改革，就是从供给、生产端入手，通过解放生产力，提升竞争力，促进经济发展。中央指出，供给侧改革要在适度扩大总需求的同时，着力加强供给侧结构性改革，着力提高供给体系质量和效率，其核心在于提高全要素生产率。在政策手段上，包括简政放权、放松管制、金融改革、国企改革、土地改革、提高创新能力等。

进入基础设施和公共事业，在环保、能源、交通、医疗、养老等领域投资巨大，产生了大量新兴行业。

同样，特色小镇也是我国供给侧改革的新探索，对我国供给侧改革意义重大。2015 年 12 月底，习近平总书记对浙江特色小镇建设做出重要批示："抓特色小镇、小城镇建设大有可为，对经济转型升级、新型城镇化建设，都具有重要意义，浙江着眼供给侧培育小镇经济的思路，对做好新常态下的经济工作也有启发。"

一同被写入中央一号文件

PPP 作为供给改革的重要内容，首次进入了 2017 年中央一号文件。同时，"特色小镇"也被写入 2017 年中央一号文件。中央一号文件指出：引导和支持社会资本开发农民参与度高、受益面广的休闲旅游项目。加强乡村生态环境和文化遗存保护，发展具有历史记忆、地域特点、民族风情的特色小镇，建设一村一品、一村一景、一村一韵的魅力村庄和宜游宜养的森林景区。依据各地具体条件，有规划地开发休闲农庄、乡村酒店、特色民宿、自驾露营、户外运动等乡村休闲度假产品。实施休闲农业和乡村旅游提升工程、振兴中国传统手工艺计划。

PPP 模式在特色小镇发展中大有用武之地

一边是国家大力推广的 PPP 模式，一边是从中央到地方都在大力推动的特色小镇创建工作。可以说，PPP 与特色小镇成为当下中国经济的新热点。那么，PPP 与特色小镇二者有何辩证关系？答案是：特色小镇建设促进 PPP 模式发展，PPP 模式激发特色小镇活力。在全国上下大力推动特色小镇创建的风潮之下，众多社会资本看到了特色小镇产业蕴藏的市场机遇，并以 PPP 模式积极介入特色小镇建设。

特色小镇让社会资本获得投资收益

在我国经济增长放缓的大背景下，“资产荒”[1]成为一个流行的新名词，包括产业资本和金融资本在内，各类社会资本都在积极寻找优质的“资产”。而国家大力推广特色小镇建设，并计划在“十三五”时期推出1 000个左右各具特色的特色小镇，每个小镇涉及数以千计的大大小小的投资建设项目和以10亿元计的投资规模，一个全新的市场由此打开，这对各类社会资本来说无疑是一个巨大的商机。下面以某特色小镇集群项目为例加以介绍。

【案例4-2】

某特色小镇集群项目

某市位于我国中部地区，其东南片区环湖流域有A、B、C、D四

[1] 所谓资产荒，并非指没有资产可投，而是收益高的优质资产越来越少。对机构而言，资产荒意味着市场可投的资产覆盖不了资金成本。由于实体经济增速放缓，企业由于没有好的投资项目，将资金交给银行，但银行也没有合适的贷款可以发放，于是又将资金交给专业投资机构，专业投资机构没有好的投资方向，只能购买股票，上市公司市值提高，可以通过股票质押融到更多的资金，这样资金又回到企业家手里。如此周而复始，“资产荒”变得越来越严重。

个镇。环湖流域总面积600多平方千米，是某市乡村旅游发展总体规划中的“风情水乡”区。境内湿地连绵，岛屿点缀，物产丰富，胜迹众多，现有国家级湿地公园试点1处，省级历史文化名镇1个，国家级中国传统古村落1处，省级中国传统古村落1处，4A级景区1家，正在创建4A级景区1家，三星级旅游饭店1家，高星级农家乐10余家。此外，还有即将建成的城际高铁、码头群等，从而联通某市周边地区两家5A级和9家4A级旅游景区，成为一个特色小镇集群。2017年，某市决定建设本项目。

该项目具有产业、文化、旅游活力和生产、生活、生态魅力以及项目、资金、人才聚集优势。项目中的四个镇各具特色：A镇产业完善、交通便利，是省级综合改革试点镇、省中心建制镇和省“扩权强镇”试点镇，域内拥有四大工业集中区；B镇工业发达、生态良好，是全国小城镇综合开发试点镇、省第一批“扩权强镇”试点镇，全镇拥有包括上市公司在内的各类企业500余家；C镇文化深厚，为省级中心镇、省级历史文化名镇、省优秀旅游乡镇和省首批宜居小镇、省优秀旅游乡镇；D镇生态优良，旅游产业较为完善。

该项目以风情水乡为特征，以古镇和湿地为重点，以节庆活动为纽带，以“一廊四特十六节点”为总体格局，建设环湖特色小镇集群。“一廊”是建设环湖湿地生态休闲长廊，“四特”是水乡风情特色小镇、生态文化旅游小镇、民俗特色小镇和工业智造特色小镇，“十六节点”包括滨水游步道、水上乐园、主题餐厅、环湖健康养生基地、水乡风情主题酒店、美食街、旅游商品购物中心、抗战纪念馆、庄园农耕文化体验区、户外拓展基地等。

该项目实施拟采用PPP模式，总投资约50亿元，一期投资额约17亿元，二期投资额约29亿元。投资方面，由政府方和社会资本方按投资总额3∶7的比例共同出资。政府和社会资本方注资占投资总额的60%，其余资金通过银行贷款等方式解决。此外，项目用地由投资方采用挂牌方式取得，按土地征收成本价由投资方承担，差价部分由市政府通过财政予以全额返还。项目区外及区内主干道（道路、桥梁等）等基础性和服务性交通设施由市政府负责解决，也可由市政府委托投资方商请有资质的施工单位组织实施，费用由市政府承担，或市政府与投资方协调解决。

该项目建成后，具有良好的经济和社会效益：第一年可接待人数200万人次，旅游综合收入20亿元；三年后可接待人数300万人次，旅游综合收入30亿元；五年后可接待人数500万人次，旅游综合收入50亿元，利润率20%，并逐年递增。每年赛事活动冠名费、转播费约1亿元，利润率50%。健康养生基地年收入1亿元，利润率30%。投资回收期约8年。此外，该项目还可解决万余人就业。

PPP是特色小镇建设的一种投融资模式，社会资本方参与特色小镇的建设和运营，除在解决当地劳动力就业、拉动区域经济增长方面可做出突出贡献外，自身还可以获得经济利益，这也是社会资本方作为社会经济主体的需求和PPP市场化机制所决定的。[1]进一步说，特色小镇稳定的投资回报是吸引各类社会资本的重要因素。PPP模式下，社会资本方参与特色小镇建设和运营有利可图。

特色小镇的特点是产业、人文、旅游和社区“四位一体”，生产、生活、生态“三生融合”，这与一般意义上的政府性公益性项目（公园、图书馆、河道治理等）不同。特色小镇定位准确、运作科学且机制合理，因此具有稳定的现金流，未来完全可以满足各类社会资本的投资回报要求，这对社会资本来说极具诱惑力。事实上，“特色小镇”概念一经提出，无论是政府部门还是社会资本尤其是民间资本都表现出了极大的热情。国内行业龙头（如阿里巴巴、华为、万科、万达等大企业集团）几乎都涉足特色小镇建设。

当下地方政府正大力推广PPP模式和特色小镇，二者有效结合，政府将从土地、税收、财政、金融等方面给予大力支持。同时，社会资本方能够充分发挥主观能动性，从PPP模式和特色小镇各自的奖补政策中受益。

[1] 社会资本方投资建设特色小镇，主要收益包括两部分：一部分是直接收益，另一部分是其他衍生利益，如参与小镇商业设施和公共服务设施的日常运营，获得较为合理的经营性收入。

据了解，浙江省很多特色小镇均采取PPP模式运作，如玉皇山南基金小镇、嘉善巧克力甜蜜小镇、龙游红木小镇等。浙江宁海智能汽车小镇创新投融资体制，推进市场化运作，小镇主要道路、桥梁、景观等基础设施统一打包成PPP项目，总投资20亿元，引入央企、上市公司等投入资金18亿元。同时，设立8亿元的新能源汽车产业基金，进一步强化新能源汽车整车及关键零部件产业招商优势。

PPP模式推动产镇融合

财政部政府和社会资本合作（PPP）中心相关负责人指出，PPP模式是一种创新的公共产品、公共服务市场化社会化供给管理模式，是政府、市场、公众互动共治管理模式，可以通过公开透明、专业高效机制，让社会参与管理城市、运营城市，参与特色小镇建设。

提到产镇融合，需先介绍产城融合[1]。产城融合是城市化和工业化

[1] 产城融合，是指产业与城市融合发展，以城市为基础，承载产业空间和发展产业经济，以产业为保障，驱动城市更新和完善服务配套，进一步提升土地价值，以达到产业、城市、人之间有活力、持续向上发展的模式。产城融合是在我国转型升级的背景下相对于产城分离提出的一种发展思路，要求产业与城市功能融合、空间整合，“以产促城，以城兴产，产城融合”。

发展到一定阶段的必然产物。通常认为，城市需要产业作支撑，否则即便再漂亮也是“空城”。而产业如果没有城市作依托，即便再高端也只能“空转”。城市发展需要产城融合。同样的道理，城镇发展也应该产镇融合。采用PPP模式打造特色小镇，将推动产镇融合，主要体现在以下几个方面：一是推动特色产业的发展，加速各种要素聚集；二是推动经济转型和产业升级；三是解决小镇周边劳动力人口就业。

产镇融合应具备如下基本条件：

在规划建设上落实产镇融合。一是规划建设一个产业核心区，且产业核心区合理配建生活空间（主要建设与产业规模相匹配的公寓、酒店、图书馆、学校，以满足小镇居民的生活需求）；二是根据产业发展的进度和成熟度分时分批建设，为方便小镇居民生产和生活，产业核心区的产业空间和生活空间在直线距离上以500米左右为宜。

抓好基础设施建设。基础设施建设是特色小镇建设的重要内容。如果小镇原来已有一定的发展基础，需继续完善；如果小镇属于全新小片区，则前期需要把基础建设建设作为特色小镇建设的主要考量因素。

要有良好的生态环境与人文环境。生态环境与人文环境是特色小镇建设不可或缺的因素，特色小镇建设要严格以“创新、协调、绿色、开放、共享”五大发展理念为引领，其空间布局、建筑风格等必须与周边自然环境和地理风貌相协调，建设和运营中必须采取有力措施加强对当地的生态环境保护。不仅如此，特色小镇建设还必须高度重视文化的作用。从某种意义上说，具有浓厚地方特色的文化才是特色小镇区别于其他小镇的关键所在，是小镇保有持续旺盛生命力的内核。因此，在特色小镇的建设中，除了对传统文化进行保护、传承、发扬及传播以外，更重要的是对传统文化进行深入挖掘，并以现代化的高科技手段展示出来，赋予传统文化新的内涵，使特色小镇具有典型而独特的文化标识，如“印象·西湖”❶实景演出，以现代化的高科技手段和声光电效果展示了杭州古老的民间传说、神话。文化也是生产力，将丰富多彩的特色小镇文化进行产业化和市场化，可以使小镇发展具有持久的动力。

❶ “印象·西湖”以西湖浓厚的历史人文和秀丽的自然风光为创作源泉，深入挖掘杭州的古老民间传说、神话，重视西湖人文历史的代表性元素，同时借助高科技手法再造“西湖雨”，从一个侧面反映雨中西湖和西湖之雨的自然神韵。整场山水实景演出，通过动态演绎、实景再现，将杭州城市内涵和自然山水浓缩成为一场高水准的艺术盛宴。

PPP 模式应用于特色小镇建设的可行性分析

2014 年下半年以来，经过几年的探索和实践，目前 PPP 模式在我国推广顺利，取得了明显的成果，同时也为特色小镇建设积累了丰富的经验。

PPP 模式推广顺利

宏观规划和顶层设计

宏观规划和顶层设计是大力推广 PPP 模式的前提条件。按照“法律规范 + 政策指导 + 实施细则”的制度框架，财政部和国家发展改革委等部门积极构建 PPP 制度规范体系，先后出台 PPP 操作指南、合同指南和财政承受能力论证指引等。地方政府对推广 PPP 模式也热情高涨，并立足当地实际出台了一系列文件，以推动 PPP 项目规范实施。截至 2017 年 1 月，国务院各部委出台的有关 PPP 的法规政策近 200 个，各地方政府出台的 PPP 政策亦数以百计。目前，国家有关 PPP 的立法也在紧锣密鼓地推进。

国家层面建立 PPP 项目库，加强示范项目引导

财政部是 PPP 模式的积极推动者。2014 年 5 月，财政部成立 PPP 工作领导小组，成员单位包括金融司、经建司、条法司、预算司、国合司、国库司和 PPP 中心。为更好地对全国 PPP 项目进行全生命周期[1]监管，建立统一、规范、透明的 PPP 大市场，财政部于 2015 年 3 月组织搭建了全国 PPP 综合信息平台，对 2013 年以来全国所有 PPP 项目实现线上监管、动态数据分析、案例分享等。目前，财政部和国家发展改革委都已建立了自己的 PPP 项目储备库。多个省份也建立了地方政府各自的 PPP 项目库。2017 年 2 月，财政部 PPP 中心对外公布全国 PPP 综合信息平台项目库第 5 期季报。季报显示，截至 2016 年 12 月末，全国

---

[1] 全生命周期（Whole Life Cycle），是指项目从设计、融资、建造、运营、维护至终止移交的完整周期。

入库 PPP 项目共计 11 260 个，投资额 13.5 万亿元。其中，已签约落地 1 351 个，投资额 2.2 万亿元，落地率为 31.6%。这是 PPP 项目落地率首次超过 30%。

推动 PPP 示范项目建设，形成一批可复制、可推广的项目范例，是财政部推进 PPP 工作的主要思路和重要抓手。2014 年 12 月，财政部印发了《关于政府和社会资本合作示范项目实施有关问题的通知》，公布了第一批 PPP 示范项目 30 个，总投资金额约 1 800 亿元；2015 年 9 月，财政部公布第二批 PPP 示范项目 206 个，总投资金额 6 589 亿元；2016 年 10 月，财政部公布第三批 PPP 示范项目 516 个，计划总投资金额 11 708 亿元。除财政部外，国家发展改革委也先后公布了 PPP 推介项目：2015 年 5 月，第一批 PPP 推介项目共计 1 043 个，总投资金额 1.97 万亿元；同年 12 月，第二批 PPP 推介项目公布，共计 1 488 个，总投资金额约 2.26 亿元。

地方政府热情高涨，社会资本积极介入

自我国大力推广 PPP 以来，各级地方政府热情满满，不遗余力。各地纷纷以省级政府、地市级政府甚至县级政府的名义召开政府与社会资本合作论坛，并以网站宣传等多种行之有效的形式，向各社会资本

方、相关金融机构发出邀请，持续不断地加大PPP项目的推介招商力度。一方面，政府大力推广PPP，成效明显；另一方面，各社会资本方也信心满满，意欲在万亿PPP市场中分得一杯羹。以环保领域PPP为例，在政策刺激和行业热度的吸引下，各类社会资本纷纷进军环保领域，尤其是大型国企更是表现积极。研究发现，大量以工程建设见长的“中字头”企业集团纷纷成立子公司以专门运作环保板块，有的依靠几十年积累的技术和经验，有的凭借雄厚的资本：中国中车、中国石化、中国铁建以技术进军环保行业，中国中铁、葛洲坝集团以及中国铁建靠工程进入环保领域，中信集团、中国建投等则凭借资本实力进入环保行业……在政府和社会资本，以及金融机构、运营商、中介咨询机构等的多方努力下，我国PPP快速推进，项目纷纷落地，成果喜人。

国家政策支持

要大力发展PPP模式在特色小镇建设和运营中的应用，需要国家从法律、政策、金融和税收等方面提供支持。

2016年10月，国家发展改革委发布的《关于加快美丽特色小（城）镇建设的指导意见》（发改规划〔2016〕2125号）明确指出：“创新特色小（城）镇建设投融资机制，大力推进政府和社会资本合作，鼓励利用财政资金撬动社会资金，共同发起设立美丽特色小（城）镇建设基金。”在国家政策层面上，PPP 已经成为推动特色小（城）镇建设的重要动力。

特色小镇建设需要金融的支持。如上所述，社会资本方以 PPP 模式建设特色小镇，其自身亦需要借助金融机构的力量。因此，在金融领域，国家正给予参与特色小镇建设的社会资本大力支持，以提高社会资本投资特色小镇 PPP 的积极性。

2016 年 10 月，住建部和中国农业发展银行联合发布《关于推进政策性金融支持小城镇建设的通知》（建村〔2016〕220 号），要求中国农业发展银行各分行要积极运用政府购买服务和采购、政府和社会资本合作等融资模式，为小城镇建设提供综合性金融服务，并联合其他银行、保险公司等金融机构以银团贷款、委托贷款等方式，努力拓宽小城镇建设的融资渠道。2017 年 1 月，住建部、国家开发银行联合发布《关于推进开发性金融支持小城镇建设的通知》（建村〔2017〕27 号），指出国家开发银行将积极发挥“投、贷、债、租、证”的协同作用，为小城镇建设提供综合金融服务。根据项目情况，采用政府和社会资本合作、政府购买服务、机制评审等模式，推动项目落地；鼓励大型央企、优质民企以市场化模式支持小城镇建设。2017 年 1 月，国家发展改革委联合国家开发银行出台了《关于开发性金融支持特色小（城）镇建设促进脱贫攻坚的意见》（发改规划〔2017〕102号），提出要加大金融支持力度，特别是通过探索多种类型的PPP模式，引入大型企业参与投资，引导社会资本广泛参与。发挥国家开发银行“投资、贷款、债券、租赁、证券、基金”综合服务功能和作用，在设立基金、发行债券、资产证券化等方面提供财务顾问服务。发挥资本市场在脱贫攻坚中的积极作用，盘活贫困地区特色资产资源，为特色小（城）镇建设提供多元化金融支持。

此外，在为PPP项目方面提供金融支持，国家部委和相关金融机构相继出台支持政策。2015年3月，国家发展改革委、国家开发银行联合印发《关于推进开发性金融支持政府和社会资本合作有关工作的通知》（发改投资〔2015〕445号），对发挥开发性金融机构的积极作用、推进PPP项目顺利实施等工作提出具体要求。国家开发银行在监管政策允许的范围内，给予PPP项目差异化信贷政策。要求各地发展改革部门加强协调，积极引入外资企业、民营企业、中央企业、地方国企等各类市场主体，灵活运用基金投资、银行贷款、发行债券等各类金融工具，推进建立期限匹配、成本适当以及多元可持续的PPP项目资金保障机制。

特色小镇项目投资回报稳定

特色小镇建设能否采取PPP模式、能否吸引优质的社会资本，其中一个关键性的因素是特色小镇项目盈利空间如何，能否匹配社会资本的预期收益。说到底，特色小镇建设并不是纯公益类的项目，盈利是社会资本方（无论是国企、外资、民企还是混合所有制企业）投资行为的前提。否则，项目长期不盈利甚至亏损既有违市场交易原则，项目本身也不具有持久性，最后的结果是政府、社会资本和公众都会受到伤害。而在PPP模式下，社会资本参与特色小镇建设具备盈利的基础。

与一般意义上的政府公益性项目不同，特色小镇是一个融合产业、文化、旅游、社区功能于一体的产业平台，有“特色产业”作支撑，且这个“特色产业”经过了几十年、数百年甚至上千年的历史积淀、市场考验得以留存，并经过政府、社会资本和当地公众的充分挖掘，具有其独特性、竞争力和持久的生命力，因此，未来亦会持续产生巨大的经济价值，具有稳定的现金流，完全可以满足社会资本的投资回报要求（在PPP项目中，是否具有稳定现金流甚至是社会资本介入与否的关键条件），这对投资规模大、运营周期长的社会资本来说尤其重要。

特色小镇是中央、各级政府重点打造的项目，无论是从财政政策、税收政策还是金融政策来看，政府和金融机构都会给予大力支持，提供优惠条件，社会资本融资会更为便利，投资回报会有比较乐观。

当下我国部分地方政府已经在特色小镇建设中创新投融资机制。如安徽省黄山市把建设特色小镇作为吸引投资新引擎、转型升级新抓手，着力打造一批全省乃至全国闻名的特色小镇。该市计划先行启动 10 个左右的特色小镇建设，力争到“十三五”期末建成特色小镇 30 个左右。在特色小镇的建设过程中，黄山市创新招商方式，采用了股权、期权、众筹、PPP 等多种形式。

特色小镇+PPP必须把握的关键点

一个明显的事实是，特色小镇的创建和培育需要建设大量基础设施和公用事业项目，稳定持续的资金来源是特色小镇发展的关键所在。然而，对于部分地方政府（尤其是财政实力相对较弱的中西部地区）而言，以大量、持续的资金投入特色小镇建设并不现实。因此，从地方政府的角度看，采取何种投融资模式建设特色小镇显得十分重要。当下PPP模式在特色小镇建设方面还没有得到大规模的运用，如何将PPP模式成功引入特色小镇建设和运营过程中，从而解决特色小镇建设和运营的资金、技术和管理难题，成为当下发展特色小镇的攻坚课题。

发展特色小镇采取 PPP 模式的重点问题

特色小镇建设资金应以社会资本为主体

无论是国家政策还是地方政府政策，均已经明确特色小镇的建设资金应以社会资本为主体，政府的主要职能则是为特色小镇建设提供规划引导和审批服务等方面的服务，并出台优惠政策，最大限度地提高社会资本参与特色小镇建设的积极性。

特色小镇 PPP 项目合作主体

在特色小镇 PPP 项目中，政府和社会资本开展广泛合作。代表双方的主体，作为政府一方，主要是政府或者政府授权的机构（如地方政府财政部门、水务部门、环保部门、住建部门等）；作为社会资本一方，主要是国企、民企、外企、混合所有制企业以及其他各类投融资主体。此外，还有金融机构（如银行、基金公司、信托公司、证券公司、保险公司等）、中介机构（咨询公司、设计公司）以及工程施工企业。正如业内人士所言，特色小镇的建设和培育工作已经在全国播下种子，但是能否让特色小镇遍地开花，还需要各地政府、开发企业、运营商、投资商等多方共同协作。

特色小镇 PPP 项目合作对象

特色小镇包括小镇产业、基础设施和公共服务设施建设等。严格来说，特色小镇以基础设施建设为前提，这对于部分财政不足的地方而言难度很大。不仅如此，特色小镇建成后的后续运营问题对地方政府而言也是极大的挑战。在特色小镇的建设和运营过程中，可以针对不同的环节吸引不同的投资主体来参与：无论是土地的一级开发，还是特色产业的打造，抑或城市的运营，产业资本、金融资本等不同的社会资本均可以根据自己的行业特点和投资喜好进行参与。

社会资本方的收入来源

PPP 模式下，社会资本方或 PPP 项目公司（多数情况下社会资本方需要成立项目公司，要么单独成立，要么社会资本方联合成立，要么社会资本与政府共同成立）的收入来源主要有三种：一是供水、供电、供暖、供气等完全市场化的项目，完全依靠使用者付费；二是污水处理、垃圾处理等准市场化的项目，使用者付费不足，需要依靠政府提供补贴，以弥补社会资本方或 PPP 项目公司的收入不足；三是河道治理、公园等没有收入或收入很低的公益性项目，完全依靠政府付费。

实践表明，政府补贴是保障社会公益和投资者收益之间的“润滑剂”。政府补贴的作用主要表现在以下两个方面：一是维持PPP项目的公益性，力求实现PPP项目社会效益最大化；二是解决项目中收益不足问题，降低社会资本的投资风险，提高社会资本方的积极性，从而推动PPP项目的落地。财政部《关于推广运用政府和社会资本合作模式有关问题的通知》（财金〔2014〕76号）规定，要完善项目财政补贴管理。对项目收入不能覆盖成本和收益，但社会效益较好的政府和社会资本合作项目，地方各级财政部门可给予适当补贴。财政补贴要以项目运营绩效评价结果为依据，综合考虑产品或服务价格、建造成本、运营费用、实际收益率、财政中长期承受能力等因素合理确定。地方各级财政部门要逐步从“补建设”向“补运营”转变，探索建立动态补贴机制，将财政补贴等支出分类纳入同级政府预算，并在中长期财政规划中予以统筹考虑。

在社会公益和投资者收益之间寻找最佳平衡点

PPP项目属于基础设施与社会公共事业项目，项目的性质决定了社会资本方需要在投资收益和公共利益之间寻求平衡。通常情况下，PPP

项目的收益率约为8%。不过从实践来看，社会资本方对投资收益预期过高。因此，社会资本方需要降低收益预期。对社会资本而言，特色小镇PPP项目的收益的长期性、稳定性以及风险可控性更为关键。严格来说，政府和社会资本合作，既要体现社会资本的逐利性，也要体现社会公益性。也就是说，必须在社会公益最大化和保护投资者利益之间寻找到最佳平衡点，以确保项目最大限度地满足公众需求，同时使社会资本有一定利益回报，激发社会资本方的积极性。

特色小镇+PPP的核心内容

PPP模式是政府与社会资本合作，政府授予社会资本方一定期限（通常是10～30年）的特许经营权。因此，采用PPP模式的特色小镇项目是一种特许经营项目，即政府与社会资本以特色小镇为合作载体，在PPP模式下确定交易架构、约定双方的权利义务关系、确定收益和风险分配等。

在项目资金来源方面，特色小镇PPP项目投融资应以项目为主体，且以项目的未来收益权作为偿还贷款的资金来源。

吸引社会资本参与特色小镇 PPP 项目

要实现“特色小镇 +PPP”，就必须吸引包括不同所有制企业在内的社会资本参与特色小镇 PPP 项目，政府需要从以下几个层面予以保障。

明确的制度保障和法律约束

PPP 项目由社会资本方负责设计、投融资、建设、运营维护等环节，政府基于公共利益最大化的原则负责定价、标准制定、监管等环节。政府通过使用者付费、可行性缺口补贴、完全付费等方式保证社会资本获得合理回报[1]，并与社会资本建立利益共享、风险共担的长期合作关系。2015 年 1 月，财政部发布的《关于规范政府和社会资本合作合同管理工作的通知》对 PPP 项目合同管理予以规范，确定了六大核心原则，包括依法治理、平等合作、维护公益，等等。

---

❶ 在 PPP 模式下，如果政府方有付费义务，原则上应在项目建设完成后的运营期内付费；同时，政府应定期对项目公司的绩效进行监测，政府付费应与项目公司运营绩效挂钩考量。即 PPP 合同下付费应该是持续且按约定的期限进行，并且每笔付费应在合同中约定的绩效评价完成后根据评价结果支付。

科学的激励机制

在社会资本的投资回报率方面，PPP 项目盈利不高。通常情况下，社会资本方需要政府通过财政补贴、税收优惠等方式给予一定的政策支持。从国外做法看，英国、澳大利亚等国家为推广 PPP 模式，政府都出台了相应的扶持政策。为吸引社会资本积极参与特色小镇 PPP 项目，以激发社会资本方的积极性，政府可以提供各种支持，如前期费用补贴、可行性缺口补贴等财政补贴以及给予税收优惠等。此外，在金融方面，国家对 PPP 项目给予政策性支持。如 2015 年 3 月，国家发展改革委、国家开发银行联合发布了《关于推进开发性金融支持政府和社会资本合作有关工作的通知》，要求发挥开发性金融机构的积极作用，推进 PPP 项目顺利实施。国家开发银行在监管政策允许的范围内，对 PPP 项目实施差异化信贷政策：一是加强信贷规模的统筹调配，优先保障 PPP 项目的融资需求；二是对符合条件的 PPP 项目，贷款期限最长可达 30 年，贷款利率可适当优惠；三是建立绿色通道，加快 PPP 项目贷款审批。

特色小镇运用 PPP 模式的思考与建议

对政府而言，如何与社会资本建立科学、规范、长久的合作是应该考虑的重点。对社会资本而言，特色小镇是一种全新的经济形态，对其未来发展（尤其是投资风险）的预判应该成为考虑的重点。

让社会资本方获得合理回报

就 PPP 模式下社会资本方的回报，“盈利不暴利”是基本的原则。换句话说，社会资本方投资 PPP 项目，其目的是获得收益，但基于 PPP 项目大多是基础设施建设和社会公共服务项目，必须考虑到社会利益最大化。因此，获得合理的投资回报是社会资本投资的前提条件，特色小镇 PPP 项目亦如此。

研究发现，社会资本以 PPP 模式介入特色小镇建设可以实现较为合理的投资回报（既可以实现社会利益的最大化，也可以实现社会资本自身的经济收益），主要原因在于：一般的基础设施建设和社会公共项目多为单一项目（如污水处理、垃圾处理、河道治理、轨道交通等），虽然地方政府目前主推“打包”项目[1]，但还没有得到大面积的推广。而特色小镇是一个融产业、文化、旅游、社区功能于一体的产业平台，具有产业的持久优势、文化的后发优势、旅游的人气优势、社区的居住环境优势等，如果社会资本方能够做到深入挖掘、定位准确和运作科学，特色小镇 PPP 项目未来价值巨大，社会资本方在获得稳定投资回报的同时，还可以获得衍生收益。说到底，社会资本方介入特色小镇建设，需要找到一种能够长期经营的模式，获得长期稳定收入，否则很难做下去。

下面以某知名社会资本方运作的某特色小镇 PPP 项目为例加以说明。

---

[1] 2015 年 4 月，财政部和环保部联合发布《关于推进水污染防治领域政府和社会资本合作的实施意见》（财建〔2015〕90 号），在水污染防治领域将大力推广运用 PPP 模式，逐步将水污染防治领域全面向社会资本开放。鼓励对项目有效整合，打包实施 PPP 模式，提升整体收益能力，扩展外部效益。

【案例 4-3】

“文化 + 旅游 + 城镇化”特色小镇

华南某特色小镇项目由某市区政府、社会资本方以 PPP 模式参与合作开发，总投资额 300 亿元。该特色小镇 PPP 项目采取新型城镇化推进的“文化 + 旅游 + 城镇化”模式，大力发展新型文化创意产业，尤其是导入和培育具有高科技含量和高艺术水准的原创文化内容产业，形成高端文化创意产业园区，带动“文化 +”相关的科技、旅游、商业、生态、农业、教育、家居等现代新型城镇化产业的转型升级和快速发展。

该项目收入来源于“门票收入 + 租金 + 销售分成”。具体来说，“门票收入”和“租金”这两部分是长期稳定收入，“销售分成”主要包括在城镇中开发的农产品、餐饮服务等。

在财政和税收方面给予优惠

目前，PPP 模式在特色小镇建设中的应用尚处于起步阶段，因此，需要国家从政策、土地、税收、财政和金融等方面提供更多支持。具体来说，政府应在特色小镇 PPP 项目建设和运营阶段给予社会资本方一定的税收减免政策，以降低社会资本方的投资成本，提高投资回报率。这样可以实现两个目的：一是对社会资本方而言，提高其介入特色小镇 PPP 项目的积极性；二是对政府来说，虽然会损失部分财政收入，但特色小镇建成后，未来的经济增长以及一些衍生产业会对政府的税收形成补充。以浙江省特色小镇建设为例，在税收奖励方面，特色小镇在创建期间及验收命名后，其规划空间范围内的新增财政收入上交省财政部分，前 3 年全额返还，后 2 年返还一半。

提供金融支持

众所周知，投资 PPP 项目尤其是特色小镇这类综合性的项目，社会资本方自身也面临资金不足的问题，因此国家需从金融层面提供支持，以解决社会资本方的后顾之忧。如上所述，目前住建部、财政部、国家发展改革委等部门以及国家开发银行、中国农业发展银行等政策性金融机构已开始对特色小镇采取 PPP 模式提供金融支持。

此外，国家在对特色小镇 PPP 项目提供金融支持时，不仅要出台相应的金融政策，还要建立符合特色小镇 PPP 项目的金融体系，如减轻社会资本利息负担、发行特色小镇PPP项目的收益债、资产证券化等。

银行信贷支持特色小镇PPP项目

研究发现，当下支持特色小镇PPP最直接也最为有效的手段是加大商业银行的贷款力度。位于浙江嘉善的巧克力甜蜜小镇是一座集产业、旅游、文化于一体的特色小镇，是亚洲目前最大的巧克力特色旅游风景区。小镇规划面积3.87平方千米，总投资55亿元。报道称，在第三届世界浙商大会开幕式上，有6个关于嘉善巧克力甜蜜小镇的PPP项目，分别为巧克力主题街区项目、甜蜜小镇酒店项目、民宿开发项目、婚庆商业风情街区项目、咖啡豆产业园项目、德国啤酒庄园项目。2016年，农发行已对巧克力甜蜜小镇投放项目贷款10亿元用于基础设施建设。

PPP产业基金支持特色小镇PPP项目

PPP产业基金在特色小镇PPP中大有用武之地。调查发现，在浙江、广东等地已经有了PPP产业基金（由省级政府层面出资成立引导基金，以此吸引金融机构资金合作成立产业基金母基金，再与社会资本方合资成立项目公司或子基金，负责基础设施建设的投资）支持特色小镇PPP

的典型案例。

从 2016 年至 2018 年，浙江省将投资 5 000 亿元建设 100 个特色小镇，加上配套投资，总投资将超过 1 万亿元。在 2016 年 10 月 26 日浙江省特色小镇建设及 PPP 项目推介会上，24 个涉及特色小镇和 PPP 项目现场签约，其中的 20 个 PPP 项目总投资 852 亿元，引入社会资本 766 亿元。对于特色小镇的资金来源，浙江省政府已设立了总规模 200 亿元的省级产业基金，浙商还成立了“浙民投”、浙商成长基金等。浙江省政府力争用 3 年时间在全省建立规模超 1 000 亿元的政府产业基金，通过与民间资本、金融资本结合，撬动 1 万亿元左右的社会资本。

完善人才引进政策

特色小镇建设强调的是产业、文化、旅游、社区等各种要素的整合，而地方政府在这方面的运作能力不强。为保证特色小镇 PPP 项目的顺利实施，国家还应培养和引进一批 PPP 领域和特色小镇建设领域的人才，重点是技术、管理、财务、金融等方面的复合型人才，以保障特色小镇的长远发展。

吸引民间资本参与特色小镇PPP项目

不容忽视的是，在全社会各类投资主体中起着重要作用的民间资本，目前却放缓了投资步伐。数据显示，2016年以来，民间投资在全社会投资中的比重出现了近10年罕见的下滑。即使在国家出台各类政策大力推广的PPP领域，民间资本参与的积极性也不高，这成为当下我国推广PPP过程中的一个突出问题。[1]从三年多的推广情况来看，在项目数量上万、投资额超过13万亿元的PPP项目中唱主角的是国企，

---

[1] 2015年8月25日全国工商联发布的报告显示，2014年，民企500强中已通过PPP等方式进入公共服务及基础设施建设与运营领域的共有58家，占比11.6%；有意向进入的企业有136家，占比27.2%。据估计，目前在全国开展的PPP项目中，只有不到5%的社会资本来自名副其实的民营企业。

民间资本占比并不高。[1]实际上，国家大力推广 PPP 的本义是鼓励社会资本（尤其是广大民间资本）进入基础设施和社会公共事业领域，但现实却是国企在本轮 PPP 热潮中“唱主角”，这与国家推广 PPP 的初衷并不一致。

民间资本参与 PPP 项目面临诸多困难

民间资本面临“三道门”

对 PPP 大市场，包括行业龙头企业在内的民间资本抱有极大的希望和兴趣。然而，部分地方政府出于方方面面的原因（主要如担心民间资本资金实力和技术实力不够，有的甚至出于“避嫌”考虑）优先考虑与国企合作，民间资本面临“三道门”的阻碍：一是在 PPP 项目的准入方面，民间资本时常遇到严格的准入管制和较高的资本门槛等，民间资本“看得见”却“进不去”，犹如隔了一道玻璃门，被挡在门外。实际运作中，对那些现金流稳定、盈利前景好、风险程度低的优质 PPP 项目（如供水、污水处理等），地方政府通常优先考虑与国企合

[1] 数据显示，截至 2016 年 3 月末，全国 PPP 中心项目库中已签约项目，国企签约金额是民企的近 3 倍。

作。而河道治理、城市公园等基本没有现金流、风险程度高的 PPP 项目，部分地方政府却像卸包袱一样给民间资本。二是“弹簧门”，即民间资本在进入 PPP 领域后，在与国企、外企等企业竞争的过程中，常常面临刚进去一半，又被一些“硬性政策”弹出的窘境。三是“旋转门”，即民间资本与其他资本在 PPP 制度和规则面前看似平等，但在实践操作中，随着项目流程的逐渐深入，某些条款却将民间资本挡在门外，也就是“转着转着就转出门外了”。

民间资本缺乏竞争优势

民间资本缺乏竞争优势，尤其是与国企和外企“同台竞技”时，民营企业无论是在资本实力还是技术实力方面都处于下风。PPP 项目的特点是投资规模大、回报率不高、运营周期长且经营风险大，这些都对社会资本的融资能力、技术能力和管理能力以及抗风险能力提出了较高的要求。客观地说，大多数民营企业在综合实力上与国企和外企存在不小的差距：一是在资金实力方面，大型国企以及外企等实力强大，多数民间资本对超过 10 亿元的投资会感到相当吃力；二是在融资渠道和融资成本方面，国企和外企具有先天优势，其资信远胜于民企，融资渠道更为顺畅，融成本更低，这意味着在同等情况下，国企和外企的资金会更快到位（这一点尤其会受到地方政府的青睐）、投资回报率会更高；三是在技术实力方面，市场上确实有部分技术一流的民营企业，但相比庞大的PPP市场，具备技术优势的民营企业毕竟是少数，因此在PPP项目竞争中，民企与国企和外企等相比，技术上并不占优势。

部分地方政府和民间资本缺乏互信

一方面，部分地方政府对民间资本的融资、建设、技术和运营实力不信任，不敢将PPP项目交给社会资本；另一方面，民间资本对政府也缺乏足够的信任，主要是担心政府换届、地方财政没有支付能力和政府不兑现承诺等风险。

PPP项目大多回报率不高，民间资本兴趣不高

目前，我国PPP项目投资收益率普遍在8%左右，且有下滑的趋势（下滑的原因很多，主要原因有PPP市场越来越规范和成熟，“资产荒”下市场竞争越来越激烈，如供水、污水处理等市场化程度高的行业，竟然出现了“零中标”的不正常现象，且这种案例越来越多，导致社会资本的利润率不断下滑），很多PPP项目投资收益率只有5%左右甚至更低。事实上，PPP项目回报率偏低，也影响了民间资本的积极性。《2015

中国民营企业500强分析报告》显示，2014年度民营企业500强的净资产收益率由上年的14.35%下降至14.04%，虽然收益率仍然呈下降趋势，但也超过了目前绝大多数PPP项目的投资收益率。

GDP占比六成的民营企业

数据显示，民间资本是非公有制经济的投资主体，而非公有制经济创造了我国60%左右的GDP、80%的就业和50%的税收。民营企业积极参与PPP必将推动未来PPP模式的良好发展，并将拉动我国经济增长。因此，国家需要营造民营企业和其他所有制企业平等竞争的法律和市场环境，改变“重国资轻民资”的现象，充分发挥民营企业的优势，激发民营企业参与PPP项目的活力。

特色小镇建设需要为民间资本“松绑”

在特色小镇建设过程中引入PPP模式，将在很大程度上解决地方政府资金不足的难题，同时对民间资本而言可以获得新的投资渠道。面对十万亿元计的PPP大市场，民间资本希望有所作为却面临诸多挑战，往往“望洋兴叹”。那么，在我国大力推广特色小镇的当下，如何吸引社会资本尤其是民间资本？又该如何为民间资本提供投资渠道，让民间资本积极参与特色小镇建设，从而发挥民间资本的作用？

民间资本要“有门可进”。为吸引民间资本以PPP模式介入特色小镇建设，需要为民间资本打开大门。目前，我国从中央到地方都在激发民间资本投资活力。如2015年4月21日，国务院常务会议通过《基础设施和公用事业特许经营管理办法》，要求用制度创新激发民间投资活力。2016年5月9日，国务院总理李克强在“全国推进简政放权放管结合优化服务改革”电视电话会议上讲话指出，要促进各类市场主体公平竞争。李克强指出，要在降门槛、同规则、同待遇上下功夫。凡是法律法规未明确禁入的行业和领域，都应允许各类市场主体进入；凡是已向外资开放或承诺开放的领域，都应向国内民间资本放开；凡是影响民间资本公平进入和竞争的不合理障碍，都要统统打掉。2016年7月1日，《国务院办公厅关于进一步做好民间投资有关工作的通知》发布，对进一步做好民间投资有关工作进行部署。该通知明确，抓紧建立市场准入负面清单制度，进一步放开民用机场、基础电信运营、油气勘探开发等领域准入，在基础设施和公用事业等重点领域去除各类显性或隐性门槛，在医疗、养老、教育等民生领域出台有效举措，促进公平竞争。在地方层面，四川、福建、河南等多地出台政策，促进民间资本参与PPP项目。

民间资本要“有利可图”。在PPP模式下，民间资本投资PPP项目必须遵守“盈利不暴利”的原则，但同时也应给予民间资本合理的投资回报。具体的方式主要如给予民间资本一定的税收优惠政策和财政奖补相关政策，从而提高民间资本的投资回报率。

民间资本要“有钱可投”。PPP模式一个重要的核心问题是“钱”的问题。社会资本方投资PPP项目也需要借助外部的力量。相比国企，民间资本在融资渠道、融资成本等方面处于明显的弱势，因此，应该实施金融创新，加大对民间资本的金融服务力度，从而让民间资本有足够的资金实力投入到特色小镇建设中去。

媒体报道称，浙江台州市加快特色小镇建设，在固定资产投资中，民间投资成为主力。2016年上半年，全市8个省级特色小镇完成固定资产投资36.49亿元，其中民间投资25.6亿元，占固定资产投资的70.1%；国有投资10.89亿元，占固定资产投资的比重为29.8%。

PPP 模式助力特色小镇典型案例

随着我国特色小镇 PPP 项目的深入推进，在政府、社会资本、金融机构以及社会公众等各方努力下，诞生了一批成功的典型案例，对其他类似地区和项目来说具有较好的复制效果和示范效应。下面是部分特色小镇 PPP 项目典型案例。

【案例 4-4】

合肥 VR 特色小镇

2016 年 10 月，安徽省路网交通建设集团股份有限公司与安徽省合肥市肥东县人民政府签署《合肥 VR[1] 小镇项目战略合作框架协议》。VR 小镇位于肥东县，总规划面积约 1 平方千米，首期启动建设规模约 300 亩。根据规划，VR 小镇将以 VR 技术研发、VR 消费体验、VR 内容制作、VR 产权交易、VR 投融资等全产业链的构建为核心，按照“产、城、人、文”深度融合理念，集投资、创业、研学、居住、休闲、体验、旅游于一体，打造一套具有安徽特色、国内领先、国际一流的小镇生态体系。

根据约定，在该项目中政府方主要负责征地拆迁、立项可行性研究、用地环评等项目前期工作。社会资本方主要负责投融资、建设、VR 产业资源的引进和运营。权威分析认为，在国家推行 PPP 模式和特色小镇建设等多重政策叠加的引领下，政企双方将以创新发展为引领，以 VR 产业发展为支撑，以合资公司为载体，以长期合作共赢为目标，协同高效推进项目建设，确保 VR 小镇早日建成，成为 PPP 模式下特色小镇建设的新标杆。

[1] Virtual Reality 的缩写，中文的意思就是“虚拟现实”，是指借助计算机系统及传感器技术生成的三维环境，创造出一种崭新的人机交互方式，通过调动用户各种感官（视觉、听觉、触觉、嗅觉等）来享受更加真实的、身临其境的体验。VR 产业被誉为 21 世纪创意产业上的“皇冠”，是孕育新一轮科技革命的朝阳产业。VR 小镇是运用互联网新媒体技术包装小镇特色文化，推动旅游科技化、创新化、互联网化，实现小镇“地域文化 + 自然资源 + 互联网平台 +VR 虚拟技术”的完美结合。

【案例 4-5】

上海枫泾特色小镇[1]

在全国首批 127 个特色小镇中，上海市有 3 个特色小镇获批，其中金山区枫泾镇位居上海 3 个特色小镇之首。

枫泾古镇拥有 1 500 多年的历史，与上海市和浙江省五区县交界，是上海通往西南各省最重要门户。枫泾镇区位优势明显，距长三角 16 个重要城市均为一小时左右车程，是中国历史文化名镇、新沪上八景之一。为进一步促进枫泾古镇的保护、开发、更新，在国家大力推广特色小镇建设和 PPP 模式应用的大背景下，地方政府采取 PPP 模式打造枫泾特色小镇。

项目主题

项目以“小镇更新”为主题，涵盖小镇建设的五个方面：一是推进古镇更新，探索古今和谐发展“新路径”；二是推进产业更新，构建产城融合发展“新格局”；三是推进社区更新，打造社区综合服务“新平台”；四是推进镇区更新，形成城镇创新发展“新模式”；五是推进乡村更新，营造建设美丽乡村“新风尚”。

据介绍，枫泾对于小城镇的建设探索已有 20 多年，枫泾城镇建设分为规划研究、发展探索和定位实施三个阶段：规划研究阶段以 1995

---

[1] 冯李华．枫泾在传承与创新中打造特色小镇“升级版”［N］．解放日报，2017-01-05（4）．

年列入全国500家小城镇改革试点镇为标志，主要完成了总规、土规、工业园区开发建设启动，重点是通过工业园区的建设来推动小城镇发展；发展探索阶段以2001年列入上海“一城九镇”建设试点镇为标志，主要完成了现代化风格的发展规划，新镇区完成了动拆迁、基础设施等建设；定位实施阶段以2010年枫泾特色镇建设为标志，主要对小城镇建设进行重新定位，确立了五大功能区。

战略定位

该项目以打造“人文古镇”为总体目标，坚持“1234”的工作思路：“1”即“一个目标”，具体指以坚持发展人文古镇为目标。“2”即“两个目的地”，以“众创＋古镇”为核心，将枫泾打造成为长三角城市群中的“旅游休闲目的地”和上海科创中心建设中的“特色众创目的地”。“3”即“三大载体”，承载居民幸福生活、游客的水乡情怀和创客的梦想抱负。“4”即“四大理念”，具体指统筹居民、游客、创客三大人群，促进多元共享；统筹农创、科创、文创三大动力，实现多元共合；统筹生产、生活、生态三大布局，实现多元共融；统筹政府、社会、市民三大主体，实现多元共建。

产业基础

建设特色小镇需要产业支撑，经过多年的积淀，为该项目打下了坚实的产业基础：已经投入特色小镇建设的30多个项目，总投资达80多亿元。目前枫泾特色产业体系逐步形成，枫泾工业区已集聚企业500多家，其中年产值超亿元的企业20多家。枫泾正积极打造新兴产业的成长空间，重点发展四大主导产业，即高端装备制造业、新能源与智联网汽车产业、关键基础部件产业、生命健康产业。

以 PPP 模式投入建设

2016 年 12 月，上海市金山区人民政府与上海建工集团股份有限公司（以下简称上海建工集团）签订战略合作框架协议，枫泾镇人民政府与上海建工集团签订《保护性开发枫泾古镇合作协议》，枫泾镇人民政府与上海建工投资有限公司、上海建工房产有限公司签订合作协议。各方以“政府主导、市场运作、优势互补、合作共赢”为原则，有机整合各方资源，发挥各自优势，加快推进资源共享，以 PPP 模式拓展合作领域，对枫泾这座千年古镇进行全方位的更新和升级。具体操作如下。

合同主要内容。该项目主要是枫泾古镇保护与开发项目建设，范围规划总用地面积约 1.07 平方千米，包括基础设施类、功能配套类、景点提升类等约 32 项，预计总投资约 30 亿元。上海建工集团将把枫泾镇作为重点合作和投资区域，同时充分依靠建工集团“建筑全生命周期运营商”的综合优势，协同枫泾古镇保护与开发、城中村改造、新镇区土地开发、基础设施建设、车站小镇等产业链板块共同进入枫泾镇，为该项目建设提供一站式综合服务。

PPP 合同体系。枫泾镇人民政府与上海建工集团合资成立注册资本为 1 亿元人民币的平台公司，其中政府方占股 30%，社会资本方占股 70%，项目公司是 PPP 项目的重要载体，承担 PPP 项目的投资、融资、建设、运营和维护等职能；枫泾镇人民政府与上海建工集团、上海海韵文化签订《长三角路演中心开发建设与运营管理合作框架协议》；枫泾镇人民政府与上海建工集团合资平台公司成立后，平台公司与上海山麓酒店管理有限公司签订《合作开发古镇民宿战略框架协议》。

05
科学发展特色小镇

随着发展特色小镇上升为国家战略、国家和地方一系列特色小镇建设政策出台，特色小镇在全国各地铺开，接下来就涉及建设、运营等具体问题。只有科学规划、循序渐进、因地制宜、因势利导，特色小镇在我国才能实现健康可持续发展。

“特色”是特色小镇的生命线

从特色小镇的吸引力、竞争力和持续性这几个方面来说，“特色”是特色小镇的生命力所在，特色小镇的精髓就在于“特色”二字。特色小镇建设必须紧抓“特色”二字，以“特色”为本，带动人文、旅游、社区功能的完善，驱动生产、生活、生态的共融。具体来说，要立足乡土并结合小镇所处地方经济社会和产业发展实际，发现特色、找准特色、挖掘特色和培育壮大特色。进一步而言，“特色”就是本乡本土独有的题材与内容，比如土特产品、风土人情、人文历史、地理条件、自然环境、旅游资源、独特经济等，这些都是属于地方的原汁原味的“宝藏”，地方政府通过挖掘和培育，将之发展壮大为大产业、大事业，最后带动地方经济社会发展，给人民带来巨大的物质和精神财富，这样的“特色”

才是真正的“特色”。

国务院参事、中国城市科学研究会理事长仇保兴认为，特色小镇的“特色”应有两个维度：第一个维度是特色的“广度”，即小镇拥有多少种新奇的特色；第二个维度是特色的“深度”，指的是某个重要产业或者空间的特色，是否具有本地区“唯一性”，乃至全省、全国或全球“唯一性”。如果具有全球唯一性，那就可以立于不败之地了。

“一镇一品”和“一镇一风格”

特色小镇建设，应防止一哄而上，切忌千篇一律。如果各个小镇的产业、功能、布局都差不多，没有形成差异化，这样就构不成特点，形成不了核心竞争力，当然也无法具有持久的活力。此前在全国各地一窝蜂建起来的主题公园由于千篇一律，一味模仿复制，缺乏新意，缺少活力，时间一长就无法维持消费者的热情，大多数都处于勉强维持甚至亏损状态。可以说，主题公园在我国遍地开花但亏多盈少，这无疑为当下和未来我国要重点推广的特色小镇敲响了警钟。[1]因此，在特色小镇建设方面，重点要突出特色打造，彰显产业特色、人文特色、旅游特色、环境特色、建筑特色和生态特色，从而形成“一镇一品”和“一镇一风格”。以浙江省为例，浙江省的首批特色小镇，普遍涉足战略新兴产业和历史经典产业，具体为信息经济产业 5 个，健康产业 2 个，时尚产业 5 个，旅游产业 8 个，金融产业 4 个，高端装备制造 6 个，历史经典产业 7 个。

特色小镇发展要体现差异化

在发展特色小镇的过程中，一定要体现差异化，即每一个特色小镇都要根据自身的产业、经济、人文、环境等因素因地制宜地找准产业定位、选择特色产业和发展模式。要发展特色小镇，一定要结合我国经济社会发展情况，尤其是具体的地方社会经济状况、产业特色发展程度进行详细论证。我国东西部地区存在发展程度的差异和特色产业的不同，这也是我国特色小镇率先在东部的浙江发展起来的重要原因之一。

[1] 据国家旅游局资源开发司统计，1989 年全国人造景观只有 30 余处，可是经过 20 余年的发展，全国已有主题公园超过 2 500 个。长三角地区几乎每个一线、二线城市都拥有一个或多个主题公园。主题公园经营状况不佳，其中 70% 处于亏损状态，20% 持平，只有 10% 左右盈利。因经营不善而倒闭的主题公园屡见不鲜。

找准特色定位

缺乏特色的定位，对特色小镇而言是最大的硬伤，时间越久，失败的风险越大。用一句流行语概括就是“热潮退去后最终将会变成一座空城”。因此，各地在特色小镇建设上一定要定位明确，每一个小镇都要深入挖掘自己最有基础、最具优势和最富特色的产业。想要把特色小镇的“特色”做精做强，就需要开阔视野，在特色领域甚至细分领域找准差异定位，大力发展特色产业，通过差异化竞争和错位竞争，开拓新的方向。

选择特色产业

以浙江为例，梦想小镇和云栖小镇分别代表两种不同的发展模式：前者着重于“创业”，采取政府推进模式，通过建设众创空间、O2O服务体系等为有创业梦想的年轻人搭建创富平台；后者则采取政府主导和名企运作模式，重在发展成熟企业，引领产业发展壮大。

选择发展模式

以江苏省为例，江苏省发展改革委强调特色小镇建设首先要坚决走差异化道路，小镇规划建设时要突出“特色”这一重点；其次，要有高品质的追求；再次，要有特色型产业；最后，要有新技术助力。江苏发展特色小镇要广泛运用新技术（如大数据、移动互联网和云计算等），达到提高经营管理水平、推动小镇持久经营的目的。

抓住特色小镇的“特色”

对于“特色”，权威专家认为，应该是从这块地方上长出来的，而不是具有小资情调的投资者、设计师或者是我们政府的官员通过政策恩赐的、赋予的、叠加的。特色就是在一个特定的土地上生长出来的，这就叫特色。按照住建部等联合发布的《特色小镇培育通知》精神，应当培育特色鲜明的产业形态，产业定位精准，特色鲜明，战略新兴产业、传统产业、现代农业等发展良好、前景可观。产业向做特、做精、做强发展，新兴产业成长快，传统产业改造升级效果明显，充分利用“互联网 +”等新兴手段，推动产业链向研发、营销延伸。

打造特色小镇必须具备一定的客观条件。严格来说，特色小镇一定要立足小镇自身资源和环境禀赋，充分发挥区位、人文、环境和产业优势。以历史人文优势为例，有评论认为，从历史文化特色来看，文化历史是小镇的灵魂。我国农村和小城镇历史文化悠久，无论是经济发达的东部，还是经济欠发达的中西部，许多农村地区都拥有灿烂的历史文化，成为华夏文明的一个重要组成部分。这些小镇大都传承了优秀的文化，保留了优美的环境，体现了明显的地域特色。因此，应该在人文和环境方面大做文章，将之转变为发展的竞争优势。

关于“特色”二字该如何具体体现，国家发展改革委城市和小城镇改革发展中心学术委员会秘书长冯奎认为，“特”字体现在特色产业、特色人文和特色景观上。从产业上来讲，主体企业、主体产业或主体产品起码应占四五成或以上份额；从人文或景观上讲，要有体现当地历史文化的建筑、活动场景等。

下面以位于浙江省磐安县的江南药镇为例加以说明。

【案例 5-1】

浙江省磐安江南药镇[1]

2015 年 6 月，以中药材历史经典产业为主导的磐安江南药镇被列入浙江省第一批 37 个省级特色小镇创建名单。

[1] 磐安江南药镇：休闲度假、康体养生［N］. 中国企业报，2017-03-14（37）.

江南药镇是浙江省唯一一个以中药材特色产业为依托的特色小镇。小镇位于磐安县新渥镇境内，距磐安县城不到10千米。自古以来磐安便是浙江省中药材之乡，盛产以白术、元胡、玄参、白芍、玉竹为代表的“磐五味”，素有“天然的中药材资源宝库”的美誉。磐安浙八味市场是长三角地区唯一的大型药材特产集散地。磐安以此为基础，以浙江省鼓励特色小镇发展为契机，打造融“秀丽山水、人文景观、生态休闲、旅游度假、康体养生”于一体的江南药镇。

产业是特色小镇建设的基础。江南药镇着力培育中医药健康产业、旅游服务业和养生养老产业等三大新兴产业。小镇分为三大功能区：一是结合浙八味市场，通过药文化园、养生博览馆、中医药文化特色街区、中医院、康体养生园的建设打造江南药镇的核心区，作为药镇对外服务的主体部分；二是主题展示区，包括中医药主题公园、百草园，以中药材的种植和展示功能为主；三是以中医药产业园为代表的产业区。

江南药镇近期建设用地面积393公顷，其中主要建设区用地面积132公顷。小镇总投资51.5亿元，主要用于非营利性基础及服务设施和重点工程项目。截至2015年年底，江南药镇已开发建设面积112公顷，完成固定资产投资（不包括商品住宅和商业综合体项目）10.05亿元，吸引120家企业、990家个体工商户和20多个创业团队入驻。

特色小镇发展需要产业作支撑

产业是特色小镇的灵魂和生命力所在。2015 年，浙江省 37 个省级特色小镇创建对象完成特色产业投资近 290 亿元，占投资总额的 60%；特色产业工业企业主营业务收入近 240 亿元，占特色小镇工业企业主营业务收入的 68%；特色产业服务业营业收入超过 400 亿元，占特色小镇企业服务业营业收入的 66%。国家发展改革委城市和小城镇改革发展中心总规划师、规划院院长沈迟指出，建设特色小镇要准确理解中央和国务院的指示精神，不能一哄而上，为了“特色”而“特色”。特色小镇只有先将本地的特色产业做起来，才能分流一些特大城市以及大城市的人口，同时解决就业问题，创造税收。各地的特色小镇不是靠“撒胡椒面”搞出来的，而是根据自身的产业特点以及特色打造出来的。

特色小镇建成后需要提升自身造血功能

特色小镇不是应景的项目，也不是地方政府的面子工程。严格来说，地方政府和社会资本斥巨资打造的特色小镇必须保持长久的活力和生命力，才能实现政府建设特色小镇的初衷，达到社会资本的投资回报。因此，对特色小镇而言，要地方政府长期无限地给予补贴并不现实，要社会资本大量投资却长期亏损更不可能，需要小镇建成后提升自身造血功能，为此首先就需要把特色产业摆在最突出的位置。对此，江苏省发展改革委指出，特色小镇发展，产业是持续造血的根本。没有产业，只会成为徒有其表的空城。

说到特色产业的内涵，可以用丰富多样来形容，除通常所说的制造业外，还包括旅游休闲、教育培训、医疗养老、体育健康、历史文化以及商贸物流等。不仅如此，还有互联网、新能源等具有竞争力的新兴产业。

特色小镇需要扎实的产业基础

产业基础是打造特色小镇的前提。调研发现，在特色小镇建设领域成效明显的浙江省、江苏省、上海市乃至整个长三角地区，产业基础是特色小镇建设最明显的动力。如浙江省块状经济突出，产业基础扎实，某一种特色产业遍布一个镇甚至跨越几个镇，形成了在某一行业领域的领军者和“单打冠军”：浙江省产生了一些在全国乃至世界都知名的特色小镇，这些小镇均以产业命名，例如青瓷小镇、黄酒小镇、袜艺小镇、画艺小镇、红木小镇以及赏石小镇等，仅从小镇的名字就能清楚地知道相关特色产业在小镇发展过程中的作用和地位。

产业项目与产业集群

在对特色小镇进行战略规划后，最重要的是要有落地的特色产业，以及与特色产业相关的具体项目。可以说，具体项目是支撑特色小镇建设发展的核心细胞。如果把特色小镇建设比喻成一个“面”，特色小镇中的一个个项目（包括基础设施建设项目）是一个个“点”，那么，产业无疑是这个“面”上串起一个个“点”的一根根“线”。串点成线、点线结合、线面结合，是最理想的格局。

此外，好的特色小镇应有产业集群[1]，即企业相互之间高度细密的分工与合作关系，这种模式造成了集群，它是自组织体系的，集群反过来又会造就小镇的自组织特性。具体来说，在发展壮大主导产业和支柱产业的过程中，要在财政、税收、金融、用地政策等方面支持龙头企业，发挥其引领和带动作用，从而推动和形成产业集群，在节约交易成本和抱团发展的同时，形成产业规模效应。

下面以入选全国首批 127 个特色小镇名单的天津滨海新区中塘镇为例加以说明。

❶ 1990 年迈克尔·波特在《国家竞争优势》一书中首先提出用“产业集群”（Industrial Cluster）一词对集群现象进行分析。区域的竞争力对企业的竞争力有很大的影响，波特通过对 10 个工业化国家的考察发现，产业集群是工业化过程中的普遍现象，在所有发达的经济体中，都可以明显看到各种产业集群。产业集群是指在特定区域中，具有竞争与合作关系，且在地理上集中，有交互关联性的企业、专业化供应商、服务供应商、金融机构、相关产业的厂商及其他相关机构等组成的群体。

【案例 5–2】

天津滨海新区中塘镇

中塘镇根据自身镇域特色，依托独特的区位和资源优势，以天津鹏翎胶管公司、天津市大港胶管公司、天津顺达零部件公司和天津大港汽车配件弹簧厂等企业为代表，以各类汽车专用胶管及零配件的研发、制造、销售与服务形成企业集群，成为全国最大的集科研、开发、生产于一体的汽车胶管研发生产基地。中塘镇汽车橡塑产业在天津乃至全国独树一帜，国内市场占有率高达 63%，每年对地区生产总值的贡献率超过 40%，且有多家相关企业荣获“中国胶管十强企业”“中国驰名商标”“国家级高新技术产业”“国家级知识产权优势企业”等荣誉称号。中塘镇依托汽车橡塑产业这一雄厚的工业基础，打造出了具有实力的特色小镇。

再来看江苏省宜兴市丁蜀镇的例子。

【案例 5–3】

江苏省宜兴市丁蜀镇

江苏省宜兴市丁蜀镇位于长江三角洲经济开发区，东濒太湖，西部为天目山余脉，是中国陶文化发源地。丁蜀镇是宜兴市的人口大镇、工业重镇和历史文化特色镇也是市区的重要组成部分。境内山水相依，风景秀丽，人文荟萃，为江南旅游胜地之一。宜兴市是我国著名的陶都，江苏省重要的工业旅游城市，苏、浙、皖接壤地区的商贸综合服务城市。据介绍，有不少紫砂壶的工艺大师都在小镇开工作室，这里有六七十个紫砂专业合作社、400 多家紫砂企业、12 000 多家紫砂家庭作坊。2015 年，丁蜀镇紫砂产业实现产值 78 亿元，带动实现文化产业增加值 14.5 亿元，实现旅游总收入 7 亿多元。

产业集聚度与产业链完整度

众所周知，特色小镇建设涵盖的内容丰富多元，但最核心的是特色产业。具体来说，就是围绕特色小镇的特色产业，通过工商（工业和商业）互补，文旅（文化和旅游）互助，从制造业、金融业延伸到休闲娱乐、住宿餐饮、文化旅游、体育健身、养老医疗等各个行业，以提高特色小镇的产业集聚度、产业链完整度和融合发展的综合实力。

概括而言，特色产业是特色小镇建设的“发动机”，是特色小镇持续运营的“助推器”。

特色小镇的产业转型升级

国家重点推广特色小镇，与当下我国经济转型和产业转型升级的大背景息息相关。对于国家而言，特色小镇建设的核心要义是实现产业转型升级，且应与目前国内正在大力发展的绿色经济、低碳经济、循环经济相适应。

特色小镇产业规划需科学

科学的产业规划是特色小镇发展的前提和保障。因此，在产业规划方面，特色小镇一定要基于小镇所在地的资源基础、产业基础、经济状况，以及人员规模、劳动力结构、人口素质等各个方面的因素改造、提升已有的产业，同时积极培育新产业。

招商："横向厚度"与"纵向长度"

无论是发展数十年、上百年甚至上千年的历史经典产业（如瓷器、布艺、画艺、具有浓郁地方特色的饮食等），还是战略性新兴产业（互联网、新能源、智能产品等），都需要引进外来优质企业，引来"活水"。一方面，需要打破因循守旧、不思进取的怪圈，对传统经典产业更是如此。所谓"流水不腐，户枢不蠹"，只有竞争才能促进发展，才能不断创造新的具有竞争力的产品，实现产业转型升级。另一方面，引进新的产业，可以完善特色小镇的产业链条，促进分工合作，提高小镇生产效率，形成一个具有核心竞争力的"拳头"，从而更好地滋养地方经济。

具体来说，要从"横向厚度与纵向长度"两个方面做文章。第一，要打造特色产业的厚度，引进的产业需要与当地产业"横向聚集"，必须是与当地产业同一类型或者高度相关联的企业和产品。不能搞"拉郎配"，更不能有"捡到篮子里都是菜"的想法。否则，引进的企业和产品如果与特色小镇的产业关联性不够或者根本无关，不仅不会增加小镇特色产业的厚度，而且很可能起到负面作用，削减产业的核心竞争力。最后小镇没有打造成“精品店”，而是成了“杂货铺”。

第二，要拉伸产业的长度，即纵向延伸强化产业链条，提升产业的附加值。随着社会经济的快速发展，产业的总体趋势是分工越来越细，专业化程度越来越高。由于特色小镇一般都有扎实的产业基础，具有较强的竞争力和较高的知名度，因此，在引进产业方面，应重点围绕已有特色产业延伸产业链条：既可以向上游的基础环节和技术研发环节延伸，又可以向下游的市场拓展环节延伸，这有利于整合当地企业资源和降低企业生产经营成本，最终增强小镇特色产业的核心竞争力。以旅游特色小镇为例，可以通过引进与旅游相关的产业，打造“旅游 +”的产业集群，从而发展旅游产业，丰富旅游业态，形成二次消费，拉动地方经济增长。

特色小镇的类型及未来重要领域

通过分析国内特色鲜明的特色小镇，总结归纳出十大小镇类型：

历史文化型，如浙江的黄酒小镇、青瓷小镇、丝绸小镇，贵州的茅台酿酒小镇，河北的馆陶粮画小镇等；

城郊休闲型，如贵州的美食小镇、北京小汤山温泉小镇等；

新兴产业型，如浙江的梦想小镇、云栖小镇、云制造小镇等；

特色产业型，如浙江的大唐袜艺小镇、巧克力甜蜜小镇、毛衫时尚小镇等；

交通区位型，如浙江的萧山空港小镇、北京的新机场服务小镇等；

资源禀赋型，如浙江的石雕小镇、龙坞茶小镇等；

生态旅游型，如云南的丽江玫瑰小镇；

高端制造型，如荆门爱飞客航空小镇；

金融创新型，如浙江上城玉皇山南基金小镇、北京房山基金小镇等；

时尚创意型，如浙江余杭艺尚小镇、兰亭书法文化创意小镇等。

那么，具体哪些地方具有被培育成特色小镇的潜质？地方政府应该从哪些方面入手才能抓住特色小镇培育的“牛鼻子”？又应该怎样规避“千镇一面”？研究发现，未来特色小镇培育的重要领域如下：一是旅游业。我国有五千年的文明史，拥有丰富的自然和人文历史资源宝藏。二是现代制造业。现代制造业是现代科学技术与制造业相结合的产物。经过几十年的改革开放，我国大力发展制造业，尤其是在珠三角和长三角等经济发达地区，制造业已经有了雄厚的技术积淀和资本积累。而现代制造业实质是制造业结构的升级优化，其重点强调知识、技术含量、现代管理理念等核心元素，具有附加值大、利润率高、核心竞争力强等特点。❶三是高新技术，如大数据、云计算、移动互联网等。如果地方政府能够抓住高新技术，必将在特色小镇的竞争中占有突出的优势。四是商贸物流。随着我国乡村消费升级和电商在乡村不断深入，电子商务、消费型商贸和物流有机结合的地方可以发展成为独具特色的小镇。以淘宝村❷为例，浙江、广东、江苏、山东等地农村出现了一批专业的淘宝村。截至2016年8月底，全国有淘宝村超过1 300个，广泛分布在18个省份。全国还有130多个淘宝镇，其中，浙江、广东和江苏的淘宝村及淘宝镇数量位居全国三甲。五是"双创"。拥有科技创新和现代服务业优势的地区将在特色小镇的发展上率先发力。此外，现代教育业（包括作为公共服务存在的教育事业和作为商业化形式发展的教育产业）、大健康产业（包括现代医疗医药、生物工程、养生养护养老等）、现代农业（包括绿色休闲农业、旅游观光农业等）等行业符合我国国情，是未来的发展趋势，必将得到政府的大力支持，也必将在特色小镇发展中脱颖而出。

---

❶ 目前浙江、江苏等地在特色小镇方面走在全国前列，与这些省份深厚的制造业积淀具有密切的关系。

❷ 淘宝村是指活跃网店数量达到当地家庭户数10%以上、电子商务年交易额达到1 000万元以上的村庄。

总的来说，特色小镇建设的核心是产业融合、产业延伸、产业转型升级，由此带来小镇的产业聚集、人口聚集和消费聚集。结合优美的环境、完善的配套设施和舒适的居住创业环境，形成一个集优美环境（包括自然环境和制度环境）、优质企业（包括技术类企业和金融类企业）、优秀人才（包括工程技术类、经营管理类、金融财务类人才）等多种要素于一体的区域，最终带动地方经济社会的快速发展。

“钱”“人”“地”及其他关键要素

特色小镇建设首先是要解决好三个方面的问题：一是“钱”的问题；二是“人”的问题；三是“地”的问题。

“钱”的问题

兵马未动，粮草先行。特色小镇建设首先就要解决“钱”的问题，即谁来投钱，谁来建设。作为地方政府，应该深刻理解并坚持特色小镇建设“政府引导，企业主体，市场化运作”的理念，要充分调动各类社会资本的积极性。

“人”的问题

“人”的问题主要包括两个方面：一个是有关当地居民的问题，另一个是引进外来优秀人才问题。

当地居民安排

特色小镇是产业、人文、旅游和社区四位一体，小镇的发展必将涉及当地旅游资源、土地等，而这些都与当地居民密切相关，许多资源甚至为居民集体所有。所以，要发展特色小镇，一定要充分考虑居民的切身利益，解决好居民的就业（将来多数要从第一产业向第二产业和第三产业转移）问题。否则，特色小镇的建设和运营会困难重重，遇到的阻碍难以想象。对特色小镇的投资者而言，需要重点把握的是，特色小镇不是房地产小镇，将来的人口以当地居民为主体，需要处理好政府、社会资本和农村集体多元主体间的关系。基于这一点，投资者在统筹考虑问题时会少走弯路。

人才引进

特色小镇非简单的村镇改造，而是新常态下转变经济发展方式的一种新探索，同时也是推进新型城镇化战略的一种新实践，是一项集产业升级、环境美化于一体的系统工程，其目标是宜居、宜游、宜业，这就要求小镇拥有一个高素质的建设和运营团队，而这个团队也是未来小镇居民的一部分。因此，需要吸引城市的各类优秀人才到小镇投资、创业、定居。这样，小镇才有持续发展的动力和活力。

在特色小镇的发展过程中，地方政府急需智力支持，需要培训、引进专业的人才队伍。2017 年 1 月，国家发展改革委联合国家开发银行出台了《关于开发性金融支持特色小（城）镇建设促进脱贫攻坚的意见》（发改规划〔2017〕102 号），指出要加大对贫困地区特色小（城）镇建设的智力支持力度，国家开发银行扶贫金融专员要把特色小（城）镇作为金融服务的重要内容，帮助派驻地（市、州）以及对口贫困县区域内的特色小（城）镇引智、引商、引资，着力解决缺人才、缺技术、缺资金等突出问题。以“开发性金融支持脱贫攻坚地方干部培训班”为平台，为贫困地区干部开展特色小（城）镇发展专题培训，帮助他们正确把握政策内涵，增强运用开发性金融手段推动特色小（城）镇的建设、促进脱贫攻坚的能力。

营造优美的环境是特色小镇吸引人才的基础条件。以浙江省为例，除了扎实的产业基础、完善的基础设施、雄厚的民间资本和浓厚的商业气氛之外，浙江省还有一点值得称道却易被外界忽视的地方，即非常重视营造优美的环境。浙江特色小镇无论是人文环境还是自然环境均属一流，有的小镇所属的地方是全国乃至世界著名的旅游胜地，如乌镇、西湖等。浙江重点打造“景区 + 小镇”模式，以优美环境吸引人才，以人才聚集带动要素聚集。

小镇吸引人才，人才托起小镇。据统计，浙江省 37 个省级特色小镇创建对象拥有中高级技术职称人员 4 139 人，国家级、省级“千人计划”人才 49 人，国家级、省级大师 91 人，国家级、省级非遗代表性传承人 32 人。截至 2015 年年底，37 个省级特色小镇创建对象入驻创业团队 2 116 个，入驻个体工商户 23 468 个，“新四军”（大学生创业者、大企业高管及其他继续创业者、科技人员创业者、留学归国人员创业者）创业人员达 7 839 人。以浙江萧山机器人小镇为例，小镇在引入全球机器人领军企业的同时，引入浙江大学机器人研究中心和上海交大机器人研究中心，使机器人小镇具备了研究开发和生产制造两大核心功能。

“地”的问题

特色小镇建设需要集中一定规模的建设用地。然而，特色小镇通常位于城郊和远离中心城市的农村地区，这些地方的土地特点是分布零散、权属关系复杂、确权难。特色小镇建设需要达到一定的规模，且通常是分功能区建设，连片经营，要求土地相对集中，有一定的经营集聚效应。显然，许多地区要建设特色小镇在“地”的方面有难度。业内人士建议，要进一步深化农村土地制度改革，根据特色小镇功能的不同创新土地的流转、出让和征收方式，达到土地资源的统一规划、整体开发和集约利用。尤其需要强调的是，在对土地进行统一规划后，需要建立起社会资本、失地农民等各方的长期受益模式，否则，将会给未来特色小镇的运营留下隐患。

明确奖励指标

为了更好地促进特色小镇发展，从政府引导和规划的角度，应该设立特色小镇的评判指标。特色小镇的评判指标主要侧重于增量指标。以引进企业为例，为了延伸特色小镇的产业链条和产业的核心竞争力，需要引进镇域外的优质企业，这就要对引进企业的数量、产值、税收、研发成果、带动劳动力就业人数以及提高小镇的知名度和影响力等各个方面有量化的指标。又如，在引进镇域外的优秀人才方面，要有人才数量、人才取得的创新成果、人才所产生的经济效益等方面的具体的量化指标。只有明确了特色小镇的奖励指标，才能够促进特色小镇建设精益求精。

投入时间打磨

业内普遍认为，要建成一个特色小镇，从规划到投融资，到建设，再到运营，最起码需要 20 年时间。如果没有经过科学的规划、建设和运营，一蹴而就建成的项目只能是一堆形象工程，最后给地方政府、社会资本留下重重隐患。比较发现，浙江特色小镇之所以能够成为业内的典范，原因在于其经过了长期的积淀，经历了时间的洗礼。所谓“千淘万淘始得金”，任何成功的特色小镇都是循序渐进建成的，需要长时间的打造。如瑞士达沃斯特色小镇，从建设至今已有近半个世纪的历史，期间沉淀了大量的人文、故事和民俗等。

以优惠政策提供支持

业内专家建议，当下，我国应该建立健全支持特色小镇发展的政策措施：一是把建设和发展特色小镇作为培育经济发展新动能的重大举措，纳入供给侧结构性改革，并提到重要位置；二是制定高标准、管长远的发展规划；三是实行企镇对接、合作共建，搞好“千企对千镇”，依托实体经济，充实和支撑小镇的经济基础，带动小镇发挥优势，产业聚集，形成规模，拉动就业，双赢共享；四是制定政策，加大扶持，制定支持特色小镇发展的政策措施；五是支持特色小镇率先实现“新五化”[1]，带动城乡发展一体化。

梳理发现，从中央到地方各级政府对特色小镇的资金支持政策达数十个（见表 5-1、表 5-2）。在特色小镇建设上，无论是数量、质量还是所取得的成果方面，经济发达的浙江都走在全国前列。在特色小镇的政策支持方面，浙江省同样为全国其他省份做出了表率（见表 5-3）。

[1] 2015 年 3 月中央政治局会议审议通过了《关于加快推进生态文明建设的意见》，对十八大提出的“新四化”进行更新和升级，在“新型工业化、城镇化、信息化、农业现代化”之外，加入了“绿色化”。

表 5-1　中央特色小镇资金优惠政策

国家机关、金融机构、地方政府	主要内容
国家机关	住建部、国家发展改革委、财政部《关于开展特色小镇培育工作的通知》(建村〔2016〕147 号)提出两条支持渠道:一是国家发展改革委等有关部门支持符合条件的特色小镇建设项目申请专项建设基金;二是中央财政对工作开展较好的特色小镇给予适当奖励。
	国家发展改革委《关于加快美丽特色小(城)镇建设的指导意见》(发改规划〔2016〕2125 号)表示将加强统筹协调,加大项目、资金、政策等的支持力度。
金融机构	农业发展银行对于特色小镇响应最早,2015 年年底就推出了特色小城镇建设专项信贷产品。中长期政策性贷款主要包括集聚城镇资源的基础设施建设和特色产业发展配套设施建设两个方面。
国家机关联合金融机构	住建部、中国农业发展银行联合发布的《关于推进政策性金融支持小城镇建设的通知》(建村〔2016〕220 号)进一步明确了中国农业发展银行对于特色小镇的融资支持办法。住建部负责组织、推动全国小城镇政策性金融支持工作,建立项目库,开展指导和检查。中国农业发展银行将进一步争取国家优惠政策,提供中长期、低成本的信贷资金。支持范围包括:支持以转移农业人口、提升小城镇公共服务水平和提高承载能力为目的的基础设施和公共服务设施建设。

表 5-2　地方特色小镇资金优惠政策

省份	主要内容
浙江省	特色小镇建设确需新增建设用地的，由各地先行办理农用地转用及供地手续，对如期完成年度规划目标任务的，省里按实际使用指标的 50% 给予配套奖励，其中信息经济、环保、高端装备制造等产业类特色小镇按 60% 给予配套奖励。对全省具有示范性的特色小镇，省里给予一定的用地指标奖励。特色小镇在创建期间及验收命名后，其规划空间范围内的新增财政收入上交省财政部分，前 3 年全额返还、后 2 年返还一半给当地财政。
贵州省	各市（州）、试点县要加大本级财政对小城镇建设发展的支持力度，在年度财政预算时要安排小城镇建设发展专项资金，集中用于支持试点县小城镇建设发展。“财政补助、信贷支持、社会投入”。
河北省	省级财政用以扶持产业发展、科技创新、生态环保、公共服务平台等的专项资金，优先对接支持特色小镇建设。鼓励和引导政府投融资平台和财政出资的投资基金，加大对特色小镇基础设施和产业示范项目支持力度。省市县美丽乡村建设融资平台对相关特色小镇的美丽乡村建设予以倾斜支持，对符合中心村申报条件的特色小镇建设项目，按照全省中心村建设示范点奖补标准给予重点支持，并纳入中心村建设示范点管理，对中心村建设示范县（市、区），再增加 100 万元奖补资金，专门用于特色小镇建设。
内蒙古自治区	各级财政统筹整合各类已设立的相关专项资金，重点支持特色小镇市政基础设施建设。在镇规划区内建设项目缴交的基础设施配套费，要全额返还小城镇，用于小城镇基础设施建设。

续表

省份	主要内容
辽宁省	研究制定相关配套优惠政策，整合各类涉农资金，支持特色乡镇建设。列入省级新型城镇化试点，并可推荐申报国家新型城镇化综合试点镇。省财政通过不断优化财政支出结构，支持各地推进特色乡镇建设。
山东省	从2016年起，省级统筹城镇化建设等资金，积极支持特色小镇创建，用于其规划设计、设施配套和公共服务平台建设等。鼓励省级城镇化投资引导基金参股子基金加大对特色小镇创建的投入力度。
安徽省	整合对特色小镇的各类补助资金。省发展改革委支持符合条件的建设项目申请专项建设基金；省财政对工作开展较好的特色小镇给予奖补；市、县财政要进一步加大特色小镇建设投入。
福建省	新增的县级财政收入，县级财政可以安排一定比例的资金用于特色小镇建设。发债企业1%的贴息，省地各承担一半。50万元规划设计补助，省发展改革委、省财政厅各承担25万元。国家专项、省专项，垃圾污水处理项目省里以奖代补。
甘肃省	省级财政采取整合部门资金的办法对特色小镇建设给予支持。同时采取“以奖代补”方式。
海南省	1.项目和资金上优先；建议预算安排一定资金；村镇规划区内建设项目缴交的基础设施配套费全额返还小城镇；部门整合支持。2.一是设立产业小镇产业发展引导基金，重点用于产业小镇的产业培育；二是各方面的财政专项资金（基金）在符合投向的情况下，要向产业小镇的产业发展及相关基础设施建设等项目倾斜。3.新增财政收入部分，省财政可考虑给予一定返还。
重庆市	加大市级小城镇建设专项资金投入，调整优化市级中心镇专项建设资金，重点支持特色小镇示范点建设。特色小镇示范点建设项目打捆纳入市级重点项目。

续表

省份	主要内容
陕西省	从 2016 年到 2020 年，财政给予每个省级重点示范镇每年 1 000 万元专项资金支持、每个省级文化旅游名镇每年 500 万元专项资金支持。
四川省	从 2013 年开始，连续 3 年，每年启动 100 个省级试点镇建设。省级财政安排专项资金，支持试点镇市政基础设施建设，完善公共服务功能，提升试点镇的承载能力和吸纳能力。市（州）、县（市、区）财政也要安排专项资金，加大投入。
广西壮族自治区	自治区本级资金补助标准为每个示范镇 1 000 万元，示范镇总投资一般不低于 2 000 万元。
西藏自治区	财政安排 10 亿元特色小城镇示范点建设工作启动资金。地（市）、县（区）人民政府要以规划为统领，以基础设施项目、产业项目、民生项目为重点，进一步整合交通运输、住房城乡建设、农牧、水利、林业、电力等部门资源，调整资金结构，按照“渠道不乱、用途不变、统筹安排、集中投入、各负其责、各记其功、形成合力”的原则，加大对特色小城镇建设的投入力度。同时，要广泛吸纳社会资金和民间资本支持特色小城镇示范点建设。充分发挥援藏资金在小城镇建设中的重要作用。

表 5-3　浙江省支持特色小镇政策

发布时间	文件名称	发布部门
2015 年 5 月	《关于加快特色小镇规划建设的指导意见》（浙政发〔2015〕8 号）	浙江省人民政府

续表

发布时间	文件名称	发布部门
2015 年 6 月	浙特镇办〔2015〕2 号文件（第一批省级特色小镇创建名单正式公布）	浙江省特色小镇规划建设工作联席会议办公室
2015 年 6 月	《关于推进电子商务特色小镇创建工作的通知》（浙电商办〔2015〕6 号）	浙江省电子商务工作领导小组办公室
2015 年 9 月	《关于加快推进特色小镇规划工作的指导意见》（浙建规〔2015〕83 号）	浙江省住房和城乡建设厅
2015 年 9 月	《关于开展第二批省级特色小镇创建名单申报工作的通知》（浙特镇办〔2015〕6 号）	浙江省特色小镇规划建设工作联席会议办公室
2015 年 9 月	《关于开展特色小镇规划建设统计监测工作的通知》（浙特镇办〔2015〕7 号）	浙江省特色小镇规划建设工作联席会议办公室
2015 年 10 月	《浙江省特色小镇创建导则》（浙特镇办〔2015〕9 号）	浙江省特色小镇规划建设工作联席会议办公室
2015 年 10 月	《关于金融支持浙江省特色小镇建设的指导意见》（杭银发〔2015〕207 号）	中国人民银行杭州中心支行 浙江省特色小镇规划建设工作联席会议办公室
2015 年 12 月	《浙江省特色小镇建成旅游景区的指导意见》（浙旅政法〔2015〕216 号）	浙江省旅游局 浙江省发展和改革委员会
2016 年 3 月	《关于高质量加快推进特色小镇建设的通知》（浙政办发〔2016〕30 号）	浙江省人民政府

特色小镇发展的制度创新

特色小镇虽然“非镇非区”，但在发展过程中，却与城镇化、工业园区、经济开发区有许多神似之处：毗邻城市、产业集聚、居住生活……那么，特色小镇建设如何区别于以往的工业园区、经济开发区，不走“新瓶装旧酒”的老路呢？

创新是特色小镇发展的根本动力

特色小镇要快速健康地发展，必须坚持以改革创新为动力，不仅要把特色小镇作为产业转型升级、拉动经济增长、促进新型城镇化建设、提高人民生活水平的载体和平台，而且要把特色小镇作为全国深化改革的示范和引领。特色小镇的魅力和生命力就在于持续的创新。以信息产业等智慧型新兴产业为例，其明显的特征是初始阶段投资风险大、不确定性因素多、金融机构和投资机构支持力度不大。如果按传统的标准来考量，这类投资规模不大、带动人口就业不多的企业很难受到政府青睐，难以享受到用地、税收、金融等方面的支持和优惠。因此，要发展信息产业特色小镇，需要政府改变观念，出台创新政策，从多方面支持和培育信息产业的发展。此外，年轻的创业群体有梦想、有激情、有知识和有创意，却存在无资本、无经验、无市场和无支撑的不足，特色小镇就是要帮助这个创业群体解决“四无”难题。

特色小镇建设需要土地制度创新

如上所述，要搞好特色小镇的建设，关键是要解决好三个方面的问题，即“钱”、“人”和“地”。就“地”而言，以江苏省建设特色小镇为例，人多地少、土地资源稀缺和开发强度高是江苏土地利用的基本省情。江苏特色小镇建设严格按照节约集约用地的要求，充分运用同一乡镇范围内村庄建设用地布局调整、城乡建设用地增减挂钩、工矿废弃地复垦利用、城镇低效用地用再开发、人地挂钩等政策工具，着力盘活存量用地，严控开发强度和新增用地。为加强特色小镇的规划建设管理，江苏省创新土地利用规划工具，根据2015年省政府出台的《江苏省土地利用总体规划管理办法》规定，以特色小镇为主体，编制功能片区土地利用（总体）规划。围绕特色功能，基于资源环境承载力、多规协调，按照“空间整合、指标管控、集约集聚、功能凸显”的原则，合理界定人口、用地规模，严格划定小镇边界，处理好小镇国土空间利用与人口分布、生产力布局、资源环境保护的关系。

特色小镇要在“双创”上做足文章

2014年9月，国务院总理李克强在夏季达沃斯论坛上发出“大众创业、万众创新”的号召，“双创”一词由此为公众所知悉。几个月后，“双创”被写入了2015年《政府工作报告》。2015年6月国务院常务会议提出要大力支持“双创”：鼓励地方设立创业基金，对众创空间等办公用房、网络等给予优惠；对小微企业、孵化机构等给予税收支持；创新投贷联动、股权众筹等融资方式；取消妨碍人才自由流动、自由组合的户籍、学历等限制，为创业创新创造条件；大力发展营销、财务等第三方服务，加强知识产权保护，打造信息、技术等共享平台。[1]

[1] “双创”是国家基于转型发展需要和国内创新潜力提出的重大战略，旨在优化创新创业环境，激发蕴藏在人民群众之中的无穷智慧和创造力，让那些有能力、想创业创新的人有施展才华的机会，实现靠创业自立，凭创新出彩。

“双创”和特色小镇建设二者之间有什么样的关系？在发展的过程中是否有交集？是否能够做到相互促进相辅相成呢？对此，专家指出，我国特色小镇建设应该做足“双创”文章。

事实上，国家政策也大力倡导特色小镇建设为“双创”服务，从而促进小镇自身的发展。2016年10月，国家发展改革委发布《关于加快美丽特色小（城）镇建设的指导意见》（发改规划〔2016〕2125号）提出，要营造吸引各类人才、激发企业家活力的创新环境，为初创期、中小微企业和创业者提供便利、完善的“双创”服务；鼓励企业家构筑创新平台、集聚创新资源；深化投资便利化、商事仲裁、负面清单管理等改革创新，打造有利于创新创业的营商环境，推动形成一批集聚高端要素、新兴产业和现代服务业的特色鲜明、富有活力和竞争力的新型小城镇。

实践证明，特色小镇既是推动我国新型城镇化建设的新载体，也是承接“双创”的大平台，发展特色小镇是我国经济转型和产业升级的需要。具体来说，要在特色小镇发展过程中对接大城市资源，吸引高科技人才和高新技术企业，增加技术、资本、产业、创业者和孵化器的聚合度，构建创业创新生态圈，推进新产业、新业态的发展，增强特色小镇的凝聚力和核心竞争力。

浙江省以梦想小镇、云栖小镇、青瓷小镇、黄酒小镇为代表的特色小镇在承接“双创”方面进行了有益探索。下面以位于浙江省杭州市余杭区未来科技城的梦想小镇为例加以说明。

【案例 5-4】

浙江杭州梦想小镇[1]

杭州“梦想小镇”定位于新型众创空间、大“孵化器”和青年创业社区，吸引了一大批怀揣梦想的年轻人带着各种各样的科技项目在小镇扎根、创业和发展。梦想小镇因此被称为创业者的天堂。

2015 年以来，短短一年多，梦想小镇创建速度惊人：首批落户 80 个创业项目、800 多名创客、15 个金融项目，到 2016 年年底创业项目就达 800 多个、创业人才近 7 800 名、金融机构超过 500 家，还成功吸引了两家美国硅谷企业入驻。此外，梦想小镇从一期 12 幢老旧粮仓开始，到二期仓前老街上沿河错落排开的中式建筑，面积扩大了 4 万多平方米。梦想小镇之所以发展迅速，主要是因为其专注做好“创业生态、自然生态、政务生态”，搭建起了一个低成本、全要素、便利化的开放式众创空间平台，从而能够在最短的时间内吸引大批人才项目和资本快速集聚。分析认为，梦想小镇取得成功的重要原因之一，是

---

[1] 梁洁，潘婷婷．梦想小镇：创新创业在这里起航［N/OL］. 2016-12-13［2017-08-03］. http：//zzhz.zjol.com.cn/system/2016/12/13/021397330.shtml.

其优惠政策和配套服务吸引了年轻的“创客”❶。

政府支持力度大

在梦想小镇孵化培育创新创业项目的过程中，政府重点做好政策支持，加强服务供给，如3年免房租、5兆宽带免费用、WIFI免费、云平台免费；梦想学院、梦想集市、创客导师一应俱全，还有吸引年轻人的“创客公寓”；引入小米“U+公寓”“拎包客”等市场化运作组织；提供贴息贷款。此外，梦想小镇将服务项目和服务窗口搬到“线上”，对互联网创业项目放开住所要求、放宽冠名限制、推行“五证合一”，对创业者来说真正算得上“零门槛”。

小镇“创客”合作机会多

调查发现，“创客”之所以在梦想小镇扎堆，还有一个重要原因，那就是小镇资源禀赋好，有阿里、浙大等强企名校，集聚了大量海归人才和民间资本，创新创业已经蔚然成风，因此“创客”在小镇上很容易找到合作伙伴，碰撞出创新火花，寻找到合作机会。

金融支持力度大

创业离不开资本的支持。政府部门专门在梦想小镇内规划了一个“天使村”，吸引全省、全国乃至全球的资本在小镇成立天使基金和股

❶ 创客（Mak-er），“创”指创造，“客”指从事某种活动的人，“创客”本指勇于创新，努力将自己的创意变为现实的人。这个词译自英文单词“Mak-er”，源于美国麻省理工学院微观装配实验室的实验课题，此课题以创新为理念，以客户为中心，以个人设计、个人制造为核心内容，参与实验课题的学生即“创客”。在我国，“创客”与“大众创业，万众创新”联系在了一起，特指具有创新理念、自主创业的人。

权机构投资小镇的创业项目。此外，强化政府引导作用，设立梦想基金、引导基金、产业基金和创业贷风险池等，鼓励民间资本加大对创新创业的投入。截至2016年12月，梦想小镇已经注册了500多家投资机构，集聚管理资本1 250多亿元。在梦想小镇的发展过程中，已经有80多个创业项目获得了百万元以上融资，融资总额超过30.5亿元。可以说，政府支持、产业集聚、资本带动的创业环境，为“创客”的技术研发、资本运作、创新发展提供了重要的条件。

再来看四川菁蓉小镇的例子。

【案例5–5】

四川菁蓉小镇[1]

近年来，位于四川省成都市郫县的菁蓉小镇经历了从“空心镇”到“创客小镇”的转型：2010年，为支持重大产业化项目建设，菁蓉小镇所在的德源新城建成面积达120万平方米的生活配套区，高峰时入住7.5万人。随着市场变化，企业订单和用工数量大幅减少，德源镇逐渐衰落，菁蓉小镇一度陷入产业“空心化”的尴尬境地。2015年

[1] 转型发展：菁蓉小镇的“创新之路”［N］. 四川日报，2016–06–27（08）.

年初，郫县通过大力推进“大众创业、万众创新”打造菁蓉小镇。重点鼓励和支持发展电子商务、软件设计、信息服务、大数据、云计算等互联网相关领域产品研发、生产和经营的高新企业，努力打造西部创业创新天堂。由此，菁蓉小镇的大数据、智能制造（无人机和机器人）、互联网＋传统行业改造、生物医疗等产业开始迅速成长起来。

截至2016年6月，菁蓉小镇已建成40万平方米创业园区；引进国家级孵化器黑马会、启迪之星、十分咖啡、NEXT等30个孵化器；已签约入驻西南交通大学、电子科技大学、四川大学等13所合作高校；引进了机械设计与制造实验室、生物医药成像实验室、生物医用新材料实验室、四川西冶地质测试技术实验室等；已签约入驻1 098个创业项目，聚集创业创新人才10 000余名。

此前名不见经传的菁蓉小镇在短短一年时间内，就完成了从产业“空心镇”向“创客小镇”的转型，究其主要原因，一是政府规划引导为小镇打下了坚实的产业基础。2015年12月，成都市政府与国家信息中心正式签订战略合作协议，双方共同在小镇打造国家信息中心大数据创新创业（成都）基地。2016年1月，四川省经信委批复同意小镇大数据产业园为四川省特色产业基地，这也是四川省首家大数据特色产业基地。二是定位明确。2016年5月，在国务院公布的全国首批创新创业示范基地名单中，郫县进入17个区域创新创业示范基地，《四川省成都市郫县大众创业万众创新示范基地建设工作方案》提出，将通过三年努力，形成功能完善、成效突出的创新创业支撑体系，实现双创环境最优、双创成本最低、双创要素最齐，创新创业对经济的贡献明显增强。三是出台各项优惠政策。如设立5 000万元创新创业发展资金，对入驻项目给予房租物管费用全额补贴；设立1亿元规模的天使投资引导基金、2亿元规模的创业投资引导基金和10亿元规模的产业投资引导基金等3只基金；引进小米投资等20多家创业投资机构，加强与18家驻县金融机构的深度合作，为创新创业提供多元化的金融扶持；强化与高校、科研院所的技术人才合作，落实科技人才创新创业激励政策。菁蓉小镇具有不可多得的高校优势，小镇周边聚集了电子科大、西南交大等近20所大专院校，在校大学生数量达20多万，更有50多所重点科研机构及众多研发人才，使小镇拥有了可靠的创新创业人才储备库。

“互联网 +”与特色小镇嫁接

早在 2015 年，“互联网 +”就上升为国家战略。“互联网 +”的应用与推广，让传统产业突破发展瓶颈、新兴产业更快发展。

对特色小镇建设而言，其主要产业为具有传统文化内涵的历史经典产业，也有战略性新兴产业。国家发展特色小镇的目的是实现地方经济转型和产业升级。如果与“互联网 +”嫁接，那么，“互联网 +”将使特色小镇实现历史与现代、传统与时尚的互联互通，升级老产业、诞生新业态。从更高层次而言，“互联网 +”不仅是一种高新技术手段，更是一种思维方式的转变和对特色小镇的全新认知理念。

“互联网 +”助推特色小镇发展

当下，“互联网 +”已经成为一种生活方式、生产方式、经营方式，未来的产业和生活，一定是有互联网基因的产业和生活。基于此，发展汇集产业、生态、文化和社区功能四位一体的特色小镇也不例外，需要实现与互联网的充分融合：一方面，互联网打破了传统产业的发展瓶颈，是特色小镇产业集聚、创新和升级的新平台与新动力；另一方面，对于那些朝阳产业、战略新兴产业而言，“互联网 +”更可促进其加快发展。

我国要发展“互联网 + 特色小镇”，重点需要从以下几个方面入手：一是要建立大数据中心，实现数据的集中和共享，从而提升特色小镇的规划、建设、管理和服务等方面的智慧化水平；二是需要找准定位，充分利用当地资源，围绕产业、生态、文化、功能几个方面重点建设；三是需要结合当地基础，推动互联网与传统优势产业、现代服务业、金融业和物流业的深度融合。

当下我国许多特色小镇，从规划之初就充分考虑到了互联网时代的产业发展现实和趋势，对基于互联网而兴起的产业有详细的思考和通盘谋划，拥有着周密的智能小镇[1]的规划。自国家颁布特色小镇计划以来，“互联网＋特色小镇”备受各界关注和推崇。

以浙江特色小镇为例，大数据、云计算、互联网金融、电子商务等高新产业与互联网紧密相连，即使那些传统的历史经典产业（如茶叶、丝绸、黄酒等），也不是对过去的简单复制，而是以互联网创新理念和技术激发产业活力，推进产业转型升级。在浙江嘉兴，在互联网时代的浪潮中，有许多因“互联网＋”思维而诞生的特色小镇，如海宁皮革城时尚小镇[2]、智慧物流小镇、归谷智造小镇等均依靠“互联网＋”大力推动转型升级。不仅如此，这些特色小镇还通过“互联网＋”创造出新的优势，增强了核心竞争力。截至2016年11月，浙江嘉兴已规划建设10个互联网特色小镇[3]。具体来说，互联网特色小镇分为

---

[1] 智能小镇是指以互联网为主的一整套信息技术在镇一级经济、社会生活部门的扩散、应用，是将传统工业、农业、服务业和社会管理在线化、数据化、智能化。智能小镇的智能化平台建立在云计算、大数据基础上，通过互联网和物联网到达“端”（每个直接接触的个人电脑、移动设备、可穿戴设备、传感器，乃至软件形式存在的应用）。这些新设施叠加于原有农业生产、工业生产、社会管理之上，发挥的作用也越来越大。

[2] 海宁皮革城时尚小镇，从传统业态出发发展出O2O交易服务平台，从线上采集大数据用于更精准的营销，通过O2O平台引流，海宁皮革城客流量提升16.8%。

[3] 10个小镇分别为桐乡乌镇互联网小镇、秀洲智慧物流小镇、嘉兴科技城云创小镇、嘉善互联网通信小镇、嘉善归谷智造小镇、嘉兴蓝色智慧港口小镇、嘉兴运河智慧小镇、海宁厂店小镇等。

两大类：一是培育创新型互联网企业，打造互联网产业集聚区的互联网产业类小镇，如嘉善县互联网通信小镇（见案例 5-6）；另一类是以推进互联网与特色产业深度融合，培育互联网新应用、新模式、新业态的“互联网 +”应用类小镇，如秀洲智慧物流小镇（见案例 5-7）。

【案例 5-6】

浙江嘉善互联网通信小镇[1]

浙江省嘉善县西塘镇正在积极打造一个面积约 3.2 平方千米的互联网通信小镇。互联网通信小镇的特色产业为互联网基础设备、互联网终端产品、互联网保税贸易（跨境电子商务）三大主导产业，集自主创新、生产、贸易、展示、旅游、商贸、居住及各类关联服务功能于一体。互联网通信小镇特点明显：一是专注布局高新技术产业；二是产业集聚且拥有完善的产业链。

2015 年 5 月，某集团光通信全产业链项目在西塘启动，该项目总投资 59.8 亿元，将建成集光纤预制棒、光纤、光缆以及原辅配套材料于一体的全球特大型光通信全产业链工厂，项目全部投产后，预计年销售额将超过 100 亿元。该项目已带动 15 个与之配套的上下游产业项

---

❶ 杨洁，郑小梅 . 浙江嘉善西塘崛起“互联网通信小镇”［N］. 嘉兴日报，2016-08-30（09）.

目入驻。截至2016年9月，西塘镇互联网通信小镇完成固定资产投资19.26亿元，其中特色产业投资额18.26亿元，占比约95%。入驻企业30家，规模以上工业总产值45.65亿元。

【案例5-7】

浙江秀洲智慧物流小镇

秀洲智慧物流小镇位于浙江嘉兴市西南片区，规划面积3平方千米。小镇立足嘉兴、辐射长三角，利用大数据、云计算、互联网、智慧物流等信息技术，以供应链集成、区域物流总部、城市配送、物流科技为产业链，发展物流科技服务、物流信息服务产业。小镇重点建设"一心五区"：物流科技运营中心，高端配送功能区、产业物流功能区、供应链管理功能区、航空物流功能区和旅游配套功能区[1]。小镇建设项目涵盖物流信息科技、供应链集成管理、智能仓储物流、智慧物流装备、数字化展示等20多个领域，计划总投资超过120亿元。

---

[1] 如通过搭建智慧物流信息交易平台，促成线上与线下互动，真正实现货和车供求的完美对接。平台汇聚了GPS、物联网、云计算、大数据、移动互联网等先进信息技术，可以整合长三角和珠三角地区的制造业、商贸业、金融业、物流业等资源。

2015 年 12 月，秀洲区人民政府与国家下一代互联网[1]产业技术创新战略联盟签订了战略合作协议，共同建设嘉兴市下一代互联网 IPv6 数据交换中心，共同开发基于下一代互联网领域的相关产业。截至 2016 年 11 月，秀洲智慧物流小镇已经集聚上下游企业 200 余家，其中世界 500 强企业 5 家、区域物流总部企业 10 家，培育形成了供应链管理、快递业、电子商务、高端仓储、第三方物流和第四方智慧物流等主导产业以及“互联网＋物流”企业。

调研发现，不仅在浙江，广东省也有“互联网＋”小镇。

【案例 5-8】

广东珠海唐家湾“互联网＋”小镇[2]

广东省首批“互联网＋”小镇遴选出 10 家创建小镇和 8 家培育小镇。其中，珠海唐家湾入选为省首批“互联网＋”创建小镇，小镇建设目标是培育 2 ～ 3 家在全国具有较强竞争力的互联网龙头企业，形

❶ 下一代互联网是指不同于现在互联网的新一代互联网，它使用的是 IPv6 地址协议，采用 128 位编码方式，不仅使得互联网地址资源非常充足，更有利于保障实施“互联网＋”战略的信息安全。

❷ 宋显晖 . 珠海唐家湾入选广东首批“互联网＋”创建小镇［N/OL］. 2016-06-17［2017-08-03］. http：//www.hizh.cn/yaowen/331824.jhtml.

成2～3个特色鲜明、比较优势突出的互联网产业生态圈，成功打造3～5个在全国具有一定影响力的互联网应用创新品牌，力争到2018年将唐家湾小镇打造成移动互联网产业年产值超500亿元的特色小镇。

目前高新区唐家湾镇入驻的互联网企业超过40家，2015年总产值达332.90亿元，占高新区总产值79.5%；其中，年产值2亿元以上互联网企业17家。目前，唐家湾镇已形成两大互联网产业聚集区：一是移动互联网智能终端技术应用产业集群；二是互联网技术应用产业集群，集互联网信息安全技术研发、互联网技术应用软件研发于一体，产业链以互联网信息安全和互联网宽带智能化技术研发为核心。

06 特色小镇建设进展迅速

随着发展特色小镇上升为国家战略，以及国家和地方政府相继出台一系列支持特色小镇发展的政策，全国各地迅速兴起一股建设特色小镇的热潮，并出现了许多经典的案例。

特色小镇风潮席卷长三角

自浙江省启动建设特色小镇以来，长三角的其他地区也掀起了一股特色小镇建设的热潮：江苏省、上海市相继拉开了特色小镇建设的帷幕，且发展势头迅猛，出现了许多经典的案例。

浙江特色小镇率先发力

浙江省是我国特色小镇的发轫地，“特色小镇”这一概念国内最早即兴起于浙江省。2015 年 5 月，习近平总书记在浙江考察时，对特色小镇给予充分肯定；在中央经济工作会议上，总书记大段讲述特色小镇，梦想小镇、云栖小镇、黄酒小镇等一一被点到。浙江特色小镇建设启动以来，共有两批79个小镇被列入浙江省省级特色小镇创建名单。

江苏省特色小镇发展势头迅猛

浙江特色小镇发展风生水起，同样位于我国经济重镇长三角的其他省份自然也不甘落后，奋起直追。

2015年年底，江苏省提出要通过“十三五”期间的努力，加大重点镇和特色镇的培育力度，到2020年全省形成100个左右富有活力的重点中心镇和100个左右地域特色鲜明的特色镇；2016年10月，住建部公布首批127个中国特色小镇名单，江苏省有7个特色小镇入选，数量上位列全国第二位，仅次于浙江省；2017年2月，江苏省印发《关于培育创建江苏特色小镇的指导意见》，提出力争通过3～5年分批培育创建100个左右产业特色鲜明、体制机制灵活、人文气息浓厚、生态环境优美、多种功能叠加、宜业宜居宜游的特色小镇；2017年7月，住建部公布第二批特色小镇名单，江苏省有15个小镇入选，数量上与浙江省、山东省并列第一。据介绍，江苏特色小镇将会合理界定人口、资源、环境承载力，严格划定小镇边界，规划面积一般控制在3平方千米左右，建设用地面积1平方千米左右。同时牢固树立“绿水青山就是金山银山”

的发展理念，保护特色景观资源，构建生态网络，彰显生态特色，基本达到生态小镇要求，实现绿色低碳循环发展。严格控制开发强度，着力提高开发水平，要把节能、节地等理念贯穿特色小镇整个建设过程，推动生态保护与小镇发展互促共融。

在景区服务功能标准规划上，与浙江省建设特色小镇的要求相同，江苏省所有特色小镇原则上要按3A级以上景区服务功能标准规划建设，旅游风情小镇原则上要达到国家5A级旅游景区规范要求，建设产城人文融合发展的现代化开放型特色小镇。

建设特色小镇的前提是要有特色产业。那么，作为实体经济发达、商业氛围浓厚、优秀企业众多和产业基础扎实的江苏省，又将在哪些特色产业方面发力呢？答案是，江苏特色小镇将聚焦于高端制造、新一代信息技术、创意创业、健康养老、现代农业、历史经典等特色优势产业，或聚力打造旅游资源独特、风情韵味浓郁、自然风光秀丽的旅游风情小镇。

通过不懈努力，江苏省特色小镇建设也取得了明显的成果，形成了典型案例。如2016年11月，由华夏幸福投资的全国首个以PPP模式建设的特色小镇——南京空港会展小镇落户南京溧水区，这也是继河北大厂影视小镇、香河机器人小镇、浙江嘉善人才创业小镇之后，华夏幸福开发运营的第四个特色产业小镇。南京空港会展小镇将以会展中心为核心，构建产城融合的新会展模式，打造展馆中心、会议酒店、休闲度假、艺术展览交流、创意研发、旅游观光等为主要功能的会展主题新区。小镇的建设将拉动当地形成规模至少为15亿元的会展产业。

上海复制浙江经验培育特色小镇

2016年6月，上海市首次提出建设特色小镇。上海市金山区出台《加快特色小镇建设的实施意见》（金府发〔2016〕16号），计划对各镇的产业特色、文化特色和生态特色进行挖掘和培育，力争到“十三五”期末，初步培育形成一个产业特色鲜明、体制机制灵活、人文气息浓厚、生态环境优美、多种功能叠加的特色小镇群落。据了解，上海市金山区的第一批特色小镇呼之欲出，包括科创小镇枫泾（上海最先启动的是靠近浙江的金山区枫泾镇，并将该镇定位为科创小镇）、巧克力小镇亭林、田园小镇廊下、海渔小镇山阳、水果小镇吕巷等。

特色小镇风潮席卷长三角的原因

调研发现，相比较而言，目前我国长三角地区在特色小镇建设方面表现得尤为突出。作为中国经济最前沿的长三角地区，为何争先恐后要建设特色小镇？从更新的角度和更广的视野来看，长三角地区是我国传统的制造业基地，也是我国的经济重地，在经过多年的积淀后，长三角地区技术和资本积累深厚、产业基础扎实、商业氛围浓厚。然而，在我国经济转型和产业升级的大背景下，长三角地区面临着经济转型和产业升级的现实需求，而发展特色小镇正是我国经济转型和产业升级的新探索。此外，长三角地区的经济和产业基础又为特色小镇发展奠定了坚实的基础，这是我国中西部欠发达地区在特色小镇发展方面所欠缺的优势。随着长三角地区的特色小镇之风越刮越猛，大量的特色小镇将促进长三角地区的成功转型，给长三角地区带来更大的竞争力，同时也为我国其他经济带和广大中西部地区提供良好的借鉴。

特色小镇建设浙江经验解读

浙江省积极探索特色小镇建设，为新型城镇化建设提供了新样板，得到党中央、国务院的充分肯定。国家发展改革委副主任胡祖才认为，浙江特色小镇建设具有独特的优势和条件，如块状经济特征明显、专业化产业集群基础扎实、信息经济发达、民间资本充裕、创业创新氛围浓厚等，同时也面临着空间资源有限、传统产业亟待转型升级等因素的制约，基于此，浙江特色小镇建设着眼推进于供给侧结构性改革，突破传统行政区划单元意义上的小城镇范畴，用最小空间资源达到生产力最优化布局，实现了创新性供给与个性化需求有效对接。

特色小镇成为浙江经济发展新引擎

研究我国的特色小镇发展历程，浙江是浓墨重彩的一笔。作为经济发展创新的创举，特色小镇已经成为浙江经济发展的新引擎。[1]截至2016年10月，浙江省已经公布了两批79个特色小镇省级创建对象（见表5-4）、51个省级特色小镇培育对象。特别是首批37个特色小镇，取得了四个方面的成效：一是特色小镇正成为加快产业转型升级的新载体。各个特色小镇都成了创新创业人才的首选地，集聚了大量人才。二是特色小镇正成为推进项目建设、拉动有效投资的新引擎。首批37个特色小镇吸引了3 300多家企业，完成投资480亿元，有5个小镇投资已经超过20亿元；三是特色小镇正成为推进供给侧结构性改革的新实践。四是特色小镇正成为各级干部积极主动作为的新舞台。

[1] 截至2015年年底，浙江特色小镇完成固定资产投资近500亿元，旅游接待人数超过2 700万人次，税收收入超过50亿元，服务业主营业务收入超过600亿元，吸引国家及省级“千人计划”人才超过4 000人。

表 5-4　浙江 79 个特色小镇名单一览

区域	特色小镇
杭州市	上城玉皇山南基金小镇、江干丁兰智慧小镇、西湖云栖小镇、西湖龙坞茶镇、余杭梦想小镇、余杭艺尚小镇、富阳硅谷小镇、桐庐健康小镇、临安云制造小镇、下城跨贸小镇、拱墅运河财富小镇、滨江物联网小镇、萧山信息港小镇、余杭梦栖小镇、桐庐智慧安防小镇、建德航空小镇、富阳药谷小镇、天子岭静脉小镇
宁波市	江北动力小镇、梅山海洋金融小镇、奉化滨海养生小镇、鄞州四明金融小镇、余姚模客小镇、宁海智能汽车小镇、杭州湾新区滨海欢乐假期小镇
温州市	瓯海时尚智造小镇、苍南台商小镇、瓯海生命健康小镇、文成森林氧吧小镇、平阳宠物小镇
湖州市	湖州丝绸小镇、南浔善琏湖笔小镇、德清地理信息小镇、吴兴美妆小镇、长兴新能源小镇、安吉天使小镇
嘉兴市	南湖基金小镇、嘉善巧克力甜蜜小镇、海盐核电小镇、海宁皮革时尚小镇、桐乡毛衫时尚小镇、秀洲光伏小镇、平湖九龙山航空运动小镇、桐乡乌镇互联网小镇、嘉兴马家浜健康食品小镇
绍兴市	越城黄酒小镇、诸暨袜艺小镇、柯桥酷玩小镇、上虞 e 游小镇、新昌智能装备小镇
金华市	义乌丝路金融小镇、武义温泉小镇、磐安江南药镇、东阳木雕小镇、永康赫灵方岩小镇、金华新能源汽车小镇
衢州市	龙游红木小镇、常山赏石小镇、开化根缘小镇、江山光谷小镇、衢州循环经济小镇
台州市	黄岩智能模具小镇、路桥沃尔沃小镇、仙居神仙氧吧小镇、温岭泵业智造小镇、天台天台山和合小镇

续表

区域	特色小镇
丽水市	莲都古堰画乡小镇、龙泉青瓷小镇、青田石雕小镇、景宁畲乡小镇、龙泉宝剑小镇、庆元香菇小镇、缙云机床小镇、松阳茶香小镇
舟山市	定海远洋渔业小镇、普陀沈家门渔港小镇、朱家尖禅意小镇
省农发集团和上虞区	杭州湾花田小镇
中国美院、浙江音乐学院和西湖区	西湖艺创小镇

独特基因：块状经济

浙江之所以在发展特色小镇方面异军突起，一个非常重要的原因是，浙江在块状经济方面具有独特优势，而这个优势在其他地方体现得并不明显。

块状经济的内涵与特征

块状经济，是指在一定区域范围内形成的一种产业集中、专业化强且具有明显地方特色的区域性产业群体经济组织形式。块状经济具有三方面的内涵：一是产业集中。没有产业或者只有分散的产业（在许多中西部地区虽然有一定的产业，但较为分散，彼此之间没有关联，基本上属于单打独斗型）就构不成块状经济。二是专业化非常强。随着我国经济的快速发展和产业水平的不断提高，专业化成为一个地方产业发达程度的标志。如果产业层次低，工业化和信息化水平不高，同样无法达到块状经济的标准。三是必须有明显地方特色。“只有民族的才是世界的”，一个地方要发展自己的经济，首先要着眼于自己擅长的东西，发展本乡本土的特色产业。因为特色产业之所以在本乡本土生根、发展、壮大，肯定是经历了几十年甚至数百年的洗礼，是祖祖辈辈摸索打拼出来的，有着非常深厚的基础，这一点尤其体现在瓷器、布艺、画艺等历史经典产业上。

综观块状经济，发现其相对于传统的城市大工业而言历史更为悠久。块状经济的基本特征主要体现在以下几个方面。

一是地域集中。突出表现为企业密集、厂商扎堆且相距较近[1]，其原因是在有限的空间范围内关于企业产品生产、技术研发和市场开拓的大量信息能够得以迅速传递和扩散。二是自发形成。块状经济不是政府

---

❶ 按照浙江省委政策研究室的统计标准，构成块状经济的企业个数至少是10家，且销售总收入超1亿元。

行政手段干预形成，也非政府规划形成，而是通过市场的无形之手，自由竞争和优胜劣汰形成。三是企业之间相互关联。在有限的空间范围内，上下游企业之间有机关联、相互配套，形成一个价值链和技术传递链[1]。关联性使得企业相互之间能够产生协同效应，大大节约生产、研发和销售成本。四是专业化生产。当下市场竞争越来越激烈，专业化成为企业在竞争中脱颖而出的关键因素，“小而全”“大而全”的发展思路已经被摒弃。五是产品差异。各家企业产品雷同，相互复制，极易形成恶性竞争，导致“劣币驱逐良币”，最终伤害的是行业本身和地域经济。块状经济下同类企业间形成高中低档搭配，实现错位发展。如某轻纺城很难看到花色相同的布料，流行的都是“礼拜产品”，即“三天出小样，五天成批量，七天上市场”。

浙江块状经济概况

浙江块状经济形成的原因。浙江是我国市场经济发展最前沿的地区之一，同时也是块状经济的起源地。在浙江，块状经济是在特定经济社会发展阶段，以特色产业为基础，主要依靠地方内生力量发展起来的。改革

[1] 如某缝纫机厂有员工近 2 000 人，在方圆几千米的范围内，为其配套的企业有 100 多家，20 000 多人。

开放以来，浙江从“轻、小、私、加”工业化起步，走出了一条不同于传统工业化模式的发展新路。其中，块状经济是浙江探索发展新路的缩影，被称为“经济马赛克”。具体来说，浙江数以万计的中小企业是块状经济的主体，具有强大的创业精神和经济活力。这些中小企业形成了以特色产品为龙头、以专业化分工为纽带、以中低收入消费群为主要市场的地方生产体系以及为之配套的社会服务体系。浙江块状经济迅速崛起并令世人瞩目，有着重要的人文环境因素，主要表现在两个方面：一是地域文化。浙江拥有深厚的地域文化特别是商业文化，广大人民群众具有强烈的市场意识、创业精神和经商素质[1]。二是社会网络。块状经济下无数的中小企业采取家庭或家族经营方式，以血缘姻亲和地缘乡谊为维系纽带，从而大大降低了经营风险和交易成本，整体上形成了强大的竞争力，且很难被复制。

浙江块状经济快速扩张。浙江在全国具有特色优势的产业和区域，多数是块状经济发达的产业和区域。近年来，浙江省块状经济快速扩张，在国内工业经济中的地位进一步凸显。在过去的20多年时间里，数以万计的中小企业在浙江形成了近500个工业产值在5亿元以上的产业集

---

❶ 一直以来，浙江有着重商的历史传统，人民群众的市场意识和经商意识都很强。以目前浙江省正在建设的特色小镇为例，如黄酒小镇、红木小镇、青瓷小镇等，都有着几十年、几百年甚至上千年的历史传统。

群，如义乌的小商品、嘉善的木材、绍兴的轻纺、海宁的皮革等。不仅如此，在这些产业集群中还诞生了众多的区域品牌，如桐庐被称为“中国制笔之乡”、永康被称为“五金之都”、浦江被称为“中国水晶玻璃之都”，温州则赢得了“中国鞋都”、“中国锁都”和“中国印刷城”等美誉。[1]

浙江的30个制造行业（不含武器弹药制造业）中，销售收入和利润总额均占全国同行10%以上的产业有17个。这部分产业是目前浙江在全国最具特色优势的制造业。国家统计局对全国532种主要工业产品的调查表明，浙江省有56种特色产品的产量居全国第一，另外居前10位的有300多种，占总数的63%。此外，国家统计局公布的全国百强县（市）中，浙江有30个县（市）入围，所占比重在各省份中遥遥领先。

浙江建设特色小镇的有益经验

从战略高度重视特色小镇发展

浙江把特色小镇定位为综合改革的试验区，凡是国家的改革试

[1] 至今，温州地区形成了具有明显区域特征的十二大产业：如塑料制品业、打火机制造业、眼镜业、民用灯具业、阀门产业、汽摩配件业、纽扣业、印刷业、医药化工和精细化工业等。

点，特色小镇优先上报；凡是国家和省里先行先试的改革试点，特色小镇优先实施；凡是符合法律要求的改革，允许特色小镇先行突破。可以说，作为浙江省的一个大战略，特色小镇是新常态下浙江创新发展的战略选择。

定位明确，产业突出

浙江特色小镇产业定位明确，即“一镇一业”，突出“特而强”。“特”指每一个特色小镇都主攻信息经济、环保、健康、旅游、时尚、金融、高端装备制造等支撑浙江未来发展的七大产业以及茶叶、丝绸、黄酒等历史经典产业中的一个产业[1]，产业选择紧扣产业升级趋势，符合转型升级要求，同时每个小镇又挖掘自己最有基础、最具优势和最富特色的产业，避免同质化竞争。这确保浙江省在特色小镇建设上规避“百镇一面”“定位雷同”的现象。

[1] 根据《关于加快特色小镇规划建设的指导意见》（浙政发〔2015〕8号），特色小镇产业定位着力聚焦信息经济、环保、健康、旅游、时尚、金融、高端装备制造等支撑浙江省未来发展的七大产业，兼顾茶叶、丝绸、黄酒、中药、青瓷、木雕、根雕、石雕、文房等历史经典产业，坚持产业、文化、旅游“三位一体”和生产、生活、生态融合发展。

科学的奖励机制

在政策扶持方面，浙江特色小镇从“事先给予”改为“事后结算”，对于验收合格的特色小镇给予土地指标奖励和财政返还奖励；实施“追惩制”，对未在规定时间内达到规划目标任务的，实行用地指标倒扣，确保小镇建设质量。

体制机制灵活

浙江特色小镇建设体制机制灵活，其主要特点是运作方式新，采用分批建立创建对象、中间动态优胜劣汰、建成后验收命名的创建制，即按照深化投资体制改革要求，浙江特色小镇不采用审批制，而是使用“宽进严定”的创建方式推进特色小镇规划建设，符合基本条件的纳入培育名单，条件成熟的纳入创建名单，达到目标要求的纳入命名名单。

业内专家指出，发展特色小镇，可从“浙江模式”中汲取经验，走节约、低碳、绿色的发展道路。“浙江模式”很好地发挥了政府和市场两种机制的作用，政府规划引导，企业担当投资运营建设的主体，有一系列周密的政策支持或者制度安排值得借鉴。

特色小镇在京津冀协同发展中的作用

北京特色小镇发展

作为一种新的经济形态，特色小镇在未来北京经济发展中将起到越来越重要的作用。

《北京市“十三五”时期城乡一体化发展规划》提出，为充分发挥郊区在京津冀协同发展中的作用，北京将在原有42个重点小城镇的基础上，结合各小镇不同区位条件，规划建设一批功能性特色小城镇，以实现农民就近、就地城镇化。北京在推进特色小镇建设中一共有三种模式：第一种是围绕重点镇或者城镇的特色产业功能来打造，加快培育各镇已有的特色产业功能，如密云区古北水镇、司马台长城区域旅游以及昌平区小汤山镇；第二种是以多项即将落地的重大项目为契机，开发周边地区配套产业小镇，如在2022年冬奥会举办地延庆，以张山营镇为基础打造一个奥林匹克冰雪旅游小镇，在为冬奥基地提供综合配套的同时，还将培育高端休闲度假功能；第三种是通过将中心城区产业转移至郊区，如北京城市学院搬迁至顺义区杨镇校区，给杨镇提供就业岗位，并拉动基础设施建设。2018年三期工程完工后，将有2.5万名师生入驻顺义。杨镇目前是北京市积极打造的特色教育小镇。

下面以北京市房山区打造特色小镇为例加以说明。

【案例6-1】

北京长沟基金小镇[1]

2016年12月，北京市房山区被批准列为第二批国家新型城镇化试点，将选取长沟镇、长阳镇、青龙湖镇、张坊镇、良乡镇、西潞街道等8个重点区域建设新型特色小镇。其中，长沟镇建设北京基金小镇，西潞街道建设时尚文化创意小镇，青龙湖建设文化旅游小镇，张坊则发展以赛车谷、滑雪场为主的运动产业。据介绍，从建设模式上，

---

[1] 潘福达．北京房山试点建设8个特色小镇［N］．北京日报，2016-11-29（02）．

这些小镇均选择和较大的民间资本合作，打造自己的特色产业。

房山区长沟镇位于北京西南，总面积40平方千米，辖18个行政村，人口约27 000人，距离北京市中心50千米，位于首都一小时经济圈内。此前长沟镇已先后被确定为全国小城镇建设试点镇、全国重点镇，获得“全国环境优美乡镇”“国家卫生镇”等称号。2016年，长沟镇被列为我国第一批特色小镇。

长沟镇山清水秀、环境优美，生态环境良好，素有“北方水乡”之称。长沟镇不仅旅游资源丰富，也是北京基金小镇所在地。基金小镇规划用地18平方千米，一期建设用地1.03平方千米，规划建筑面积约90万平方米。作为京津冀协同发展重点项目，北京基金小镇将承接城区金融核心产业外溢，主要吸引包括创业投资基金、股权投资基金、证券投资基金、对冲基金等各类基金及相关产业链服务机构入驻。截至2016年12月，在北京基金小镇注册的基金机构已达143家，管理资产规模达2 407亿元。到2020年小镇建成后，预计将引进培育具有较大规模的基金机构超过500家，管理资产规模超过1万亿元。

天津加快特色小镇建设

天津也在加快推进特色小镇建设。

2016年10月，天津市特色小镇规划建设工作联席会议办公室、天津市发展改革委发布《关于印发天津市加快特色小镇规划建设指导意见的通知》，要求到2020年，力争创建10个实力小镇、20个市级特色小镇，上述30个小镇达到花园小镇建设标准，每个区因地制宜自主创建2～3个区级特色小镇。实力小镇以整建制街镇辖域范围进行考核，地区生产总值要超200亿元、全口径财政收入要超40亿元；特色小镇可以考虑以特色街区为考核单位，一个特色小镇可以有几个特色街区，规划面积一般控制在3平方千米左右，建设面积一般控制在1平方千米左右，固定资产投资完成50亿元以上（商品住宅和商业综合体除外），信息经济、金融、旅游和历史传统产业的特色小镇总投资额可放宽到不低于30亿元，特色产业投资占比不低于70%。

该通知还列出了三个方面的支持政策：一是土地政策。特色小镇规划建设要按照节约集约用地的原则，充分利用存量建设用地。凡属特色产业聚集程度高、辐射带动作用强，具有高端高质的行业龙头企业集群的项目，经认定，土地利用计划指标予以安排；对如期完成年度规划目标任务的，市里给予一定的土地利用年度计划指标奖励。二是人才政策。对支持特色小镇建设的以成建制形式整体迁入天津市的企业、研发机构，在办理首批人员调津过程中，凭相关资料，在保证调津人员中有50%以上符合市引才条件的前提下，对其余虽不具备市引才要求的学历、职称条件，但原已在该单位工作，且迁入天津市后单位仍然急需的管理、专业技术及技能型人才，可同时予以调入，配偶及18周岁以下子女可办理随迁手续。三是财政政策。设立市级特色小镇专项补助资金，对经市人民政府批准同意的特色小镇基础设施建设投入，从2016年起，按照一年期6%的贷款利率，对每个实力小镇基础设施贷款给予总额不超过2 000万元的贴息扶持，对每个特色小镇基础设施贷款给予总额不超过1 000万元的贴息扶持，其中市、区两级财政各承担50%，另外，对验收达标的特色小镇，市级财政给予一次性奖励资金500万元，专项用于特色小镇发展建设。

在产业定位方面，天津特色小镇产业要结合天津市建设创新型城市的产业发展方向，立足打造十大先进制造产业集群，以高端装备、航空航天、新一代信息技术、生物医药、新能源新材料等战略性新兴产业，以及天津市特色文化产业和历史经典产业为导向，聚焦互联网智能制造、信息经济、生态农业、节能环保、民俗文化、电子商务、高端旅游、食品安全、健康养老等民生领域的优势产业、新兴产业，充分利用“互联网+”、大数据、云计算，重点培育一批产业特色鲜明、生态环境优美、人文气息浓厚、体制机制灵活、兼具旅游与社区功能的专业特色小镇。

河北发展特色小镇优势明显

2016 年 8 月，河北省委、省人民政府出台《关于建设特色小镇的指导意见》，决定通过 3 ～ 5 年的努力，培育建设 100 个产业特色鲜明、人文气息浓厚、生态环境优美、多功能叠加融合、体制机制灵活的特色小镇。《河北省特色小镇创建导则》提出，特色小镇要聚焦特色产业集群和文化旅游、健康养老等现代服务业，兼顾皮衣皮具、红木家具、石雕、剪纸、乐器等历史经典产业。每个小镇要根据资源禀赋和区位特点，明确一个最有基础、最有优势、最有潜力的产业作为主攻方向，突出“一镇一主业”“一镇一风格”。

2017 年 2 月，河北省特色小镇规划建设工作联席会议办公室公布了河北省首批特色小镇创建类名单 30 个，培育类名单 52 个。这些特色小镇将聚焦特色产业，按照 3A 级以上景区标准建设，旅游特色小镇按 4A 级以上标准建设。在政策支持方面，河北省市县美丽乡村建设融资平台对相关特色小镇的美丽乡村建设予以倾斜支持，对符合中心村申报条件的特色小镇建设项目，按照全省中心村建设示范点奖补标准给予重点支持，并纳入中心村建设示范点管理，对中心村建设示范县（市、区），再增加 100 万元奖补资金，专门用于特色小镇建设。此外，河北省鼓励在特色小镇组建村镇银行和小额贷款公司，鼓励和引导金融机构到特色小镇增设分支机构和服务网点，加大对特色小镇基础设施建设、主导产业发展和小微企业支持力度，探索开展投贷联动业务。鼓励保险机构通过债券、投资基金、基础设施投资计划、资产支持计划等方式参与特色小镇建设投资。加强特色小镇项目谋划，积极与国家开发银行、农业发展银行沟通对接，争取国家专项建设基金和低息贷款支持。

与全国其他地区相比，河北省在特色小镇建设方面拥有很多其他地区不可比拟的先天优势：一是区位优势明显。河北许多城市都位于“环首都一小时经济圈”内，便宜利用首都北京的技术、资本和人才资源。二是交通优势。河北省地处东北和华北、华东的交通枢纽，环绕首都北京和直辖市天津，铁路、公路、航空、水路等交通便利。据了解，京津冀城际铁路发展基金70%的投资可用于京津冀区域内的城际铁路建设。《京津冀地区城际铁路网规划》提出，以“京津、京保石、京唐秦”三大通道为主轴，以京津石三大城市为核心，新建24条3 450千米的城际铁路网，形成“四纵四横一环”的格局。三是农耕文化优势。河北具有悠久的历史和农耕文化，人文资源和旅游资源丰富。四是京津冀一体化优势。《京津冀协同发展规划纲要》

明确要求，“以有序疏解北京非首都功能为核心，在京津冀交通一体化、生态环境保护、产业转移升级等重点领域取得突破”。因此，在京津冀协同发展作为国家发展战略大力推进的过程中，河北省“近水楼台先得月”，河北省的特色小镇建设已经迎来大好机遇，完全可以做到后来居上。

京津冀特色小镇发展建议

客观地说，京津冀地区小城镇分布范围广、层次多，与多数中西部地区相比，在基础条件上具有优势，尤其是三个地区中就有一个是首都，二个是直辖市（北京既是首都又是直辖市），谈到特色小镇建设所需的核心要素（无论是产业、技术，还是金融、资本、人才等），北京和天津都具有明显的优势。不过，与特色小镇发展已经走在前头的浙江相比，京津冀地区还有差距。

京津冀地区借鉴浙江等地的特色小镇发展经验时，重点要统筹兼顾、因地制宜：一是京津冀地区建制镇数量众多，仅河北就有 800 多个建制镇，特色小镇需要依托这些建制镇来建设。二是京津冀地区各类特色鲜明的产业园众多，智能电子、航空航天、生物制药等产业园为特色小镇建设奠定了坚实的基础。三是京津冀地区范围广、人口多，面积达 21.8 万平方千米，常住人口达 1.1 亿，且三地各有优势，可以实现优势互补。

中西部并不缺“特色”

从宏观上看，我国幅员辽阔，经济发展速度快，取得了举世瞩目的成就。但不容回避的事实是，由于历史和地理因素的原因，我国经济发展区域差异较大，发展不平衡，中西部和东部在经济发展速度和程度上都存在不小的差距。

人们普遍认为，与浙江、江苏、上海等长三角地区特色小镇相比，广大中西部地区处于明显的“弱势”：一是产业基础薄弱，与近几十年来以制造业、外贸业为主，积淀了深厚的产业基础和浓厚的商业文化的长三角地区差距明显；二是基础设施薄弱，主要体现在市政设施（如供水、供电、供气、污水处理和垃圾处理等）落后和交通基础设施（高速公路、铁路等）薄弱，网络覆盖度、连通度还很有限。鉴于此，中西部要在很短的时间内复制浙江的成功经验，确实存在不小的难度。某中西部地区特色小镇负责人明确表示，特色小镇的核心是产业，问题是我们就缺产业。事实的确如此，一个区域之所以称其为特色小镇，一个关键性的因素是有特色产业。如果缺乏特色产业，一方面，要建设特色小镇难上加难；另一方面，没有产业作支撑，特色小镇即使建起来，也没有长期运营的保障，没有持续的活力和动力。最后的结果是昙花一现，不仅无法实现地方政府发展特色小镇的初衷，而且会造成的社会资源大量浪费。

缺乏产业、基础设施薄弱，难道特色小镇真的与中西部地区无缘了吗？答案是否定的。研究发现，中西部地区也有属于自己的“特色”。

旅游文化类小镇是发展捷径

梳理发现，在国家特色小镇名单中，中西部地区的许多特色小镇赫然在列。如陕西省特色小镇有西安市蓝田县汤峪镇、铜川市耀州区照金镇、宝鸡市眉县汤峪镇、汉中市宁强县青木川镇、杨陵区五泉镇；河南省特色小镇有焦作市温县赵堡镇、许昌市禹州市神垕镇、南阳市西峡县太平镇、驻马店市确山县竹沟镇；湖北省特色小镇有宜昌市夷陵区龙泉镇、襄阳市枣阳市吴店镇、荆门市东宝区漳河镇、黄冈市红安县七里坪镇、随州市随县长岗镇；等等。

以西部的陕甘宁地区为例，特色小镇主要是旅游产业类和历史文化类小镇。如宁夏回族自治区银川市西夏区镇北堡镇地处贺兰山东麓，银川市区西北郊，交通便利，是贺兰山黄金旅游带腹地，镇域及周边地区旅游资源得天独厚，有镇北堡西部影视城、苏峪口国家森林公园、贺兰山岩画、拜寺口双塔等风景旅游景区等。又如青城镇位于甘肃省榆中县最北端的黄河南岸，是兰州市唯一的省级历史文化名镇和全国民间艺术之乡，也是甘肃省古建筑、古民居群保存较为完整、非常难得的古镇。

此外，在住建部公布的第四批95个美丽宜居小镇示范名单中，也有相当多的中西部地区小镇。如江西有鹰潭市龙虎山风景名胜区上清镇，重庆有巴南区东温泉镇，贵州有仁怀市茅台镇、黄平县旧州镇、瓮安县猴场镇，陕西有汉中市青木川镇、蓝田县汤峪镇，宁夏有中卫沙坡头区迎水桥镇等。在这份名单中，旅游风景区类小镇和红色旅游类小镇等占了示范名单的绝大多数。

中西部地区要在短时间内缩小与东部地区经济和产业方面的差距并不现实。因此，中西部地区要发展特色小镇，还需因地制宜，深入挖掘自身的特色优势。从国家公布的中西部特色小镇名单来看，这些地方均具有相当深厚的旅游和历史文化基础。具有优质旅游和历史文化资源的中西部地区发展旅游文化类小镇是当下较为现实的选择。

下面以一个红色文化特色小镇为例加以说明。

【案例 6-2】

河南省确山县竹沟镇[1]

竹沟镇位于河南省驻马店市西南端，因沿岸“篑竹茂盛”而得名。抗战时期，竹沟镇是中共中央中原局、河南省委所在地，是新四军二、四、五师发源地，是革命老区，素有“小延安”之美誉，是名副其实的红色文化小镇。竹沟镇离驻马店市确山县西 30 千米，交通便利，四通八达。

竹沟镇红色文化历史悠久，近年来，小镇依托独有的红色文化资源禀赋，合理规划产业结构和产业布局，重点突出“红色旅游”“绿色农业”“文化产业”三大支柱，大力打造红色小镇。小镇主打“红色圣地游”，同时以山水游、乡村游作为红色旅游的补充，做活红色游、生态游、乡村游[2]。此外，当地政府大力扶持烟叶、中药材等特色农业种

---

❶ 李安，睢媛媛. 红色圣地——河南竹沟镇［N/OL］.2016-11-08［2017-08-03］.http：//www.ha.xinhuanet.com/uavgundong/20161108/3516060_c_3.html.

❷ 人文是特色小镇不可或缺的因素，在彰显特色传统文化方面，竹沟镇大打“红色文化”牌。为弘扬红色文化、打造红色产业，竹沟镇实施了竹沟革命纪念馆扩建工程，修复了延安街的历史风貌，红色革命传统文化得到弘扬。

植，成为全国高香气烟叶开发基地，是河南省十大中药材种植基地之一。小镇还打造“提琴之乡”，当地生产的提琴占国内提琴产量的六成。

在重点打造特色产业的同时，竹沟镇还在和谐宜居的美丽环境上做文章。小镇将生态理念贯穿城镇化建设的全过程，围绕“保护一个老区、改造一个旧区、建设一个新区”的发展目标，对传统的老区进行保护性开发，使街道、建筑、景点的布局与红色旅游相吻合，体现了历史风貌和人文价值；从基础设施建设入手对商贸为主的旧区进行改造，使营商环境得以提升；对规划新区以美丽宜居为主线，高标准规划、建设，切实提升城镇品位。2015年竹沟镇地区生产总值超过8亿元，城镇居民人均纯收入超过2万元，先后荣获“全国重点镇”“中国历史文化名镇”“全国红色旅游百佳经典景区”等荣誉称号。

中西部的其他特色产业

在中西部地区，除了旅游文化资源类的特色小镇，还有其他特色产业类的特色小镇。以宁夏固原泾源县泾河源镇和甘肃武威市凉州区清源镇为例。泾河源镇是宁夏回族自治区泾源县下辖镇，地处六盘山核心区，其温润冰凉的自然条件十分利于中药材产业培育、发展，镇域内共有中药材资源500多种。该镇正通过人工种植和野生驯化等方式发展中药材栽培产业。而位于甘肃武威凉州区的清源镇以葡萄酒产业著称，近几年，该镇打造中国西部葡萄酒风情名镇，已经建成酿造葡萄种植基地 6.2 万亩，建成威龙、莫高两个大型酒堡。

当地的资源禀赋是特色小镇建设的前提和基础。事实上，在我国广大中西部地区，既有悠久的历史、灿烂的文明，也积淀了属于自己的独特优势产业，即特色旅游业、特色农牧业、特色手工业、特色种植业等。只有深入挖掘、发展这些特色产业，中西部地区才能搭上特色小镇这辆快车，建立具有地方特色且具有活力、持久性和蓬勃兴旺生命力的特色小镇。

07

文旅特色小镇蓬勃发展

打造文旅特色小镇，重点要把握三个方面：一是要理清小镇的发展历史脉络，尤其是对历史久远的古镇而言，其经历了漫长的发展过程，发展脉络错综复杂，需要认真、耐心地梳理。二是要重点突出小镇文化内涵，深入挖掘属于小镇自身的带有鲜明特色的文化。只有区别于其他小镇的文化内涵，才是小镇建设的“原动力”。三是充分挖掘小镇的旅游资源，引领小镇科学规范建设。

文旅小镇核心元素解读

我国第一批127个特色小镇主要集中在旅游小镇、历史文化小镇等方面。其中，旅游类特色小镇有64个，占到总数的一半以上；历史文化类特色小镇有23个，占到总数的18%。旅游类和历史文化类特色小镇有87个，占到总数的69%。

文旅特色小镇作用大

目前，随着我国经济社会的快速发展，人们的消费水平不断提高，生活追求正由一般的物质层面向精神及人文层次迈进。文旅特色小镇要求“小而特”“小而优”“小而美”“小而精”，利用其悠久文化、优美环境、特色风情、风味美食和传统建筑对城市里的人产生巨大的吸引力，主要体现在休闲、健身、养生、探险、摄影、画画、写作、亲子等各个方面。近年来兴起的城郊游、乡村游、山水游推动着文旅市场不断发展。而民宿、餐饮接待、农产品零售和旅游服务等也吸引着大量农民直接或间接参与到文旅市场中，解决了农村富余劳动力就业问题，促进了当地的经济发展。进一步而言，之旅小镇还是推动城乡一体化的有力抓手：一是带动城市资本下乡，大大改善农村基础设施建设和提高农村公共服务水平；二是提高农民收入水平并实现就地城镇化。下面以北京市密云区古北口镇为例加以分析。

【案例 7-1】

北京古北口镇[1]

古北口镇是长城关口之一、北京与东北地区往来的咽喉要道，位于北京市密云区东北部，距北京城区 55 千米，京承高速和京通铁路穿境而过。古北口镇环境优美，旅游资源丰富，文物古迹众多。

[1] 古北口镇人民政府．北京古北口——中国首批特色小镇［N/OL］.2016-10-17［2017-08-03］. https：//baijiahao.baidu.com/s?id=1569027171118402&wfr=spider&for=pc.

古北口长城、司马台长城❶、杨令公祠位于境内。“七郎坟、令公庙，琉璃影壁靠大道。一步三眼井，两步三座庙”是对古北口镇的描述。历史资料显示，公元 555 年，居庸关至山海关长城从此修过，古北口与长城相接。古北口与居庸关形成东西对峙，是华北平原通往内蒙古高原的要道，有“地扼襟喉趋朔漠，天留锁钥枕雄关”之称。

古北口镇 2008 年被住建部和国家文物局评为“中国历史文化名镇”，2015 年被住建部、国家旅游局评为“全国特色景观旅游名镇”。2016 年 10 月，古北口镇被列为第一批中国特色小镇。

近年来，古北口镇以旅游业为主导，累计投资 70 亿元的古北水镇、汤泉香谷、香草园等一批国际化休闲旅游项目相继落地。长城文化、御道文化、民俗文化、庙宇文化、抗战文化等文化资源得到保护整理和传承。在农业产业方面，古北口镇坚持“农旅结合”，发展与旅游业相配套的休闲产业。一些农产品成为广受游客青睐的旅游商品，第一、第三产业得到有机融合。

❶ 司马台长城始建于明朝洪武初年（公元 1373 年），是在北朝北齐长城的基础上修筑的，属明代“九镇”中蓟镇古北路所辖。明万历年间，蓟镇总兵戚继光和总督谭论率兵进行了重点整修。司马台长城 1987 年被列入“世界遗产名录”，2012 年被英国《泰晤士报》评为“全球不容错过的 25 处风景”之首。

文旅特色小镇更需要“文化”

文化是特色小镇的标识，对于文旅特色小镇而言，“文化”显得更为重要。特色小镇的“文化”，通俗地讲，就是要有故事，而且会讲故事，讲人们都爱听的故事：这个故事是当地独有的、区别于其他镇的故事；这个故事是小镇悠久历史文化的积淀，记录了小镇的根脉，打下了小镇历史的烙印；这个故事既可以有历史感，经历过历史风雨的洗礼，也可以有现代感（如互联网金融文化），引领时代风潮；这个故事具有深刻的渊源，人们听后深受启发，未来还会再来“倾听”（旅游者故地重游亲身宣传带来新的旅游者）。可以说，能不能讲好特色小镇的历史故事，是评判小镇特色含金量的标准之一。当然，找到了特色小镇的好故事，还要有讲故事的载体。口口相传虽然是讲故事的一种传统方式，但毕竟传播速度慢，不够生动形象，效果差，而以体验馆、博物馆、文化馆等作为载体，就能产生非常好的传播效果和宣传作用。如通过书籍、光盘等介质，让游客旅游后，也记住了小镇的文化，便于日后宣传；又如通过展示物品，可以让游客回到小镇曾经的峥嵘岁月；再如通过声光电等现代科技技术回溯小镇历史，让人们了解小镇厚重的发展底蕴，从而让人们对小镇“三生三世不相忘”，同时满足了游客对文化的精神追求。调研发现，目前国内很多建设得有声有色的特色小镇，都有自己的体验馆、博物馆、文化馆。通过这种载体，把文化基因植入小镇发展全过程，在传承小镇文化的同时，还起到了宣传小镇品牌的作用。

在文旅小镇创建方面，山东省进行了有益的探索。《山东省创建特色小镇实施方案》指出，特色小镇是具有明确产业定位、文化内涵、旅游特色和一定社区功能的发展空间平台。到2020年，全省要创建100个左右的特色小镇，成为创新创业高地、产业投资洼地、休闲养生福地、观光旅游胜地，打造区域经济新的增长点。2017年年初，曲阜市尼山圣地小镇成功入选山东省“省级特色小镇”。

【案例7-2】

山东曲阜尼山圣地小镇[1]

曲阜市尼山圣地小镇位于尼山镇东部，主要包括宫像区、尼山孔庙、耕读书院、景区集散中心鲁源村、配套服务区和一个环湖文旅产业带。尼山孔庙、尼山书院是国家重点文物保护单位。此外，小镇还

[1] 曹天一，李骁．厉害了！曲阜市尼山镇入选省级特色小镇[N/OL]．2017-03-02[2017-08-03]．http：//jining.sdchina.com/show/4057400.html.

有四基山观音庙等十余处省级重点文物保护单位，尼山世界文明论坛等国际文化品牌。

尼山圣地小镇围绕吃、住、行、游、购、娱六大产业链，推出一批精品文旅项目，并以融入文化基因的特色民宿产业为代表加快推进小镇建设。如小镇以周庄圣源村、西官村七间民宿、东官村原乡民宿、颜母庄村红色记忆等一大批特色文化旅游项目为载体，大力发展集养生、休闲、度假、商务于一体的全方位、高品质、现代化的养生养老产业。小镇还积极策划主办尼山世界女性论坛、世界儒商大会、圣城马拉松等。

按照曲阜市尼山圣地小镇的规划，未来小镇将以尼山圣境为引领，将圣地小镇打造成为集文化体验、修学启智、生态旅游、休闲度假于一体的复合性文化度假产业综合体，并最终成为文化休闲度假胜地和独具东方韵味的儒家文化修贤度假小镇。

生态是文旅特色小镇建设的必选项

业内普遍认为，生态小镇可以不是特色小镇，但特色小镇必须是生态小镇，文旅特色小镇也是如此。改革开放以来，我国经济在快速发展的同时，粗放的发展模式也带来了严重的环境污染问题，大气污染、水污染、土壤污染等事件频发，且呈现范围广、影响大和持续时间长的特点，再加上互联网时代信息传递速度快，一旦发生环境污染事件，消息会以极快的速度传播，造成公众的恐慌情绪。我国已经进入环境污染事件高发期，环保形势不容乐观。

无论是国家顶层设计层面，还是地方政府实践层面，文旅特色小镇建设都需要突出生态理念，讲求生产、生活、生态“三生”融合。业内专家指出，特色小镇只有先打好生态牌，才能做到多规合一[1]，才能从规划上、技术上杜绝跟风，防止大跃进。对特色小镇的生态要求，是红线也是底线。具体来说，建设文旅小镇要注意两点：一是防止建成缩小版的城市，在规划上应尊重当地的生态环境，充分利用自然环境特色和自然地形地貌；二是避免以前的古镇大开发模式，即把原来居住在古镇的人迁走，按照商业化模式改造，结果是房地产化、园区化，失去了原来古镇的自然环境特色和人文特色。古村古镇最重要的价值和灵魂，是要有原住民居住和生活。因此，在文旅特色小镇的建设中，一定要将小镇原住居民作为利益共同体，政府和投资者一定要让小镇原住居民共同

[1] 所谓“多规合一”是指在一级政府一级事权下，强化国民经济和社会发展规划、城乡规划、土地利用规划、环境保护、文物保护、林地与耕地保护、综合交通、水资源、文化与生态旅游资源、社会事业规划等各类规划的衔接，确保“多规”确定的保护性空间、开发边界、城市规模等重要空间参数一致，并在统一的空间信息平台上建立控制线体系，以实现优化空间布局、有效配置土地资源、提高政府空间管控水平和治理能力的目标。

参与建设并分享发展成果。

绿色、环保、生态已经成为文旅特色小镇的应有之义。生态是文旅特色小镇建设的必选项，换句话说，生态如果不达标，地方政府的特色小镇申报将会被一票否决。2016 年 7 月，住建部等联合发布《特色小镇培育通知》，明确提出绿色发展理念和绿色生态特色小镇的概念，把注重生态环境保护作为基本原则之一。要求补齐生态环境、城镇基础设施、公共服务等短板。

旅游小镇建设模式探析

旅游小镇即旅游特色小镇，依托区位、自然资源、人文资源、特色产业、特色社区等优势发展起来。

旅游小镇的主要开发模式

中国旅游研究院产业所博士战冬梅在《国内知名旅游小镇开发模式分析》一文中指出，旅游小镇的开发模式主要有资源主导型和休闲集聚型两种。

资源主导型开发模式。资源主导型开发模式即小城镇自身拥有丰富的旅游资源，依赖旅游发展而成为旅游目的地的开发模式，具体可以分为三类。第一类是自然资源主导型小镇，该类型小镇拥有良好的自然资源，环境优越，区域内或紧邻地区一般拥有品质较好的风景区，城镇发展和风景区建设紧密结合在一起，且以景区发展为基础；第二类是古城古镇，该类型小镇多是国家历史文化名城（镇），具有独特的特色建筑、风土情调和民俗文化等；第三类是行业依托型小镇，该类型小镇是指依靠某种特殊行业发展形成的旅游宜居小镇[1]。其以泛旅游产业框架为基础，构建由特色产业、旅游产业及其他相关产业共同组成的产业集群，并形成旅游产业与特色产业互动的发展机制，实现两者的共赢。

休闲集聚型开发模式。休闲集聚型开发模式即该类型小镇本身不是景区，但一般具有良好区位、交通或环境条件，能够依托周边景区或者城镇旅游资源，形成休闲集聚区、旅游集散地，是旅游接待建设的重点区域。具体可以分为三类：第一类是集聚型小镇，该类型小镇依托著名旅游风景区或旅游区，在风景区重要门户和游客主通道上，形成了以旅游服务为核心功能的小城镇；第二类是城郊型休闲小镇，该类型小镇一般位于城市边缘区域，主要满足游客旅游休闲需求，优化配

---

[1] 国内外行业依托型小镇的典型有瑞士达沃斯小镇、江西景德镇瓷器小镇、浙江义乌商贸小镇、横店镇影视小镇，等等。

置旅游各要素，从而为游客提供相应的旅游休闲服务；第三类是资源依托型休闲小镇，该类型小城镇具有鲜明的特色，其开发以优势资源为基础，以休闲度假为方向，走综合发展之路，努力打造成集观光、休闲、度假、养生、会议、康体、文化体验、居住等多种功能于一体的旅游小城镇。

旅游小镇典型案例

《北京市“十三五”时期城乡一体化发展规划》指出，“十三五”期间，北京市将统筹规划建设一批功能性特色小城镇，提高小城镇承载力，更好地对接非首都功能疏解，起到“桥头堡”作用。以北京十渡旅游小镇为例，其以景区为依托，打造独具特色的旅游小镇。

【案例 7–3】

北京房山十渡镇

位于北京市西南的房山区十渡镇地处太行山北段余脉东北侧、华北平原西北山区，距北京市区 80 千米，交通快捷便利。十渡镇是我国北方地区唯一的一处大规模喀斯特岩溶地貌，是国家AAAA景区和国家地质公园[1]的核心区之一，是北京市最大的自然风景区。十渡风景区是大清河支流拒马河切割太行山脉北端而形成的一条河谷，全长约20千米。由于历史上这条河谷中一共有十个渡过拒马河的摆渡渡口，故而得名“十渡”。

十渡风景名胜区属于暖温带半湿润大陆性气候，冬暖夏凉，气候宜人，水质良好，景区内生物资源丰富，野生动植物种类繁多，植被覆盖率达82%，空气中负氧离子含量高，有“天然氧舱、自然空调”之称。此外，十渡镇文化底蕴十分丰富，历史文物古迹众多。近年来，十渡镇因地制宜，以风景区自然资源和人文资源为依托，积极建设景区依托型文旅小镇。在十渡旅游小镇的发展战略方面，由政府搭建平台，景区细节规范，个人自主经营。在自然生态景区的依托下，十渡以民俗村旅游为主，打造集吃、住、行、游、购、娱六方面多业态于一体的多功能旅游小镇。

再来看温泉依托型特色小镇北京市昌平区小汤山镇的例子。

[1] 2006年9月17日，联合国教科文组织正式批准中国房山世界地质公园并授牌，北京也由此成为世界上第一个拥有世界地质公园的首都城市。房山世界地质公园共有八个园区，其中十渡为八个园区的核心园区——十渡园区。

【案例 7-4】

北京昌平小汤山镇

北京市昌平区小汤山镇地处燕山南麓平原地区，位于北京市正北方向，距离北京城区 16 千米。小汤山镇交通基础设施成熟完备，自然环境优美，全镇平均林木覆盖率达 63%，达到了园林式小城镇的要求。

小汤山镇有 1 500 年的历史，以地热温泉闻名，拥有浓厚的温泉文化底蕴，2005 年被中国矿业联合会命名为“中国温泉之乡”。小汤山有 9 处天然温泉出露于大、小汤山山麓，泉水温度最高达 52℃。依托温泉资源，小汤山镇修建了许多温泉度假村，集客房住宿、餐饮娱乐、温泉洗浴、康乐健身、商务会议等多种功能于一体。小汤山农业园自 2000 年建园以来，已建设成为一个集旅游观光、农业考察、科普教育、温泉疗养、特色餐饮、种植采摘、安全蔬菜生产于一体的现代农业观光园。目前，小汤山镇的旅游产业已形成了“名胜古迹、文物博览、娱乐度假、休闲保健、观光农业、民俗旅游”六大旅游产品体系。

小汤山镇是北京市第一批试点小城镇，先后被联合国开发计划署确定为中国可持续发展小城镇，被建设部等六部委确定为国家级小城镇综合改革试点镇，被原国家环境保护总局授予“全国环境优美镇”的荣誉称号。2016 年 10 月，小汤山镇被住建部列为第一批中国特色小镇。

从“景点旅游”向“全域旅游”转变

随着我国经济社会的快速发展和人民生活水平的不断提高，旅游正成为越来越多人的生活方式。十八届五中全会提出的“创新、协调、绿色、开放、共享”五大发展理念，将从根本上改善旅游发展环境，激发旅游发展动力。

我国旅游消费需求呈现爆发式增长

数据显示，我国旅游消费需求正呈爆发式增长。目前，我国已经形成40亿人次的国内旅游市场，入出境市场超过2.5亿人次，旅游对经济和就业的贡献率均超过10%。根据国际旅游规律，当人均GDP达到 5 000 美元时，就会步入成熟的度假旅游经济，休闲需求和消费能力显著增强。以 2015 年为例，当年我国 GDP 总量达 67.67 万亿元，人均 GDP 约 8 016 美元。不过，我国每年人均出游才 2.98 次，而在发达国家这一数据高达 8 次以上，我国还有很大的差距。因此，我国未来的旅游市场相当广阔。

从“景点旅游”向“全域旅游”转变

分析认为，在我国旅游发展的初级阶段，以建景点、景区和宾馆为主，也就是人们通常所说的“景点旅游”模式。随着经济快速发展、人们消费观念和生活方式的转变，传统的“景点旅游”模式已经不能满足现代大旅游发展的需要，我国旅游行业进入了拐点，亟待转变旅游发展思路，变革旅游发展模式，快速推动我国旅游从“景点旅游”向“全域旅游”转变，例如实行公共服务一体化、从门票经济向产业经济转变、从封闭的旅游自循环向开放的“旅游 +”融合发展方式转变。

全域旅游，是指将特定区域作为完整旅游目的地，以旅游业为优势主导产业，通过对区域内经济社会资源尤其是旅游资源、相关产业、生态环境、公共服务、体制机制、政策法规、文明素质等进行全方位、系统化的优化提升，对特定区域进行整体规划布局、综合统筹管理、一体化营销推广，实现区域资源有机整合、产业深度融合发展和社会共同参与，促进当地旅游业全区域、全要素、全产业链发展，实现旅游业全域共建、全域共融、全域共享，最终通过旅游业带动乃至统领经济社会全面发展的一种新的发展理念和模式。对我国而言，“全域旅游”具有重要的战略意义：一是有利于区域经济转型升级；二是有利于区域消费升级、生活品质提升和生活方式优化；三是有利于旅游业提质增效。

“全域旅游”在我国的发展

2015 年国家旅游局就启动开展了首批“国家全域旅游示范区”创建工作。2015 年 8 月，为进一步发挥旅游业在转方式、调结构、惠民生中的作用，实现旅游业与其他行业产业的深度融合，国家旅游局下发了《关于开展“国家全域旅游示范区”创建工作的通知》（旅发〔2015〕182 号），这是全域旅游从理念向实践落实的重要推动，是地方践行全域旅游的重要指引。[1]2016年1月，国家旅游局公布首批创建“国家全域旅游示范区”名单，262个市县成为首批国家全域旅游示范区创建单位（见表7-1），创建时间原则上为2～3年。[2]

2016年11月，国家旅游局公布了共计238个第二批国家全域旅游示范区名单[3]（见表7-2）。

[1] 国家全域旅游示范区的创建主体为市、县级地方人民政府，考核的六大指标为：旅游业增加值占本地GDP比重15%以上；旅游从业人数占本地就业总数的比重20%以上；年游客接待人次达到本地常住人口数量10倍以上；当地农民年纯收入20%以上来源于旅游收入；旅游税收占地方财政税收10%左右；区域内有明确的主打产品，丰富度高、覆盖度广。

[2] 这些区域要实现旅游交通便捷、服务便利，旅游厕所数量充足、质量达标，旅游标识完备、公共信息完善，旅游产品层次丰富、突出特色等硬件目标，还要达到全域景观化、景区内外环境一体化、市场秩序规范化、旅游服务精细化等软件要求，鼓励有条件的创建单位率先推广设立综合性旅游管理机构和旅游警察、旅游法庭、旅游工商分局等“1+3”模式。

[3] 凡列入国家全域旅游示范区名录的，享受“八优先”，即优先纳入中央和地方预算内投资支持对象；优先支持旅游基础设施建设；优先纳入旅游投资优选项目名录；优先安排旅游外交、宣传推广重点活动，纳入国家旅游宣传推广重点支持范围；优先纳入国家旅游改革创新试点示范领域；优先支持A级景区等国家重点旅游品牌创建；优先安排旅游人才培训；优先列入国家旅游局重点联系区域。

表 7-1　首批国家全域旅游示范区首批创建名单（262 个）

省份	数量	名　单
北京市	3	北京市昌平区、北京市平谷区、北京市延庆区
天津市	3	天津市和平区、天津市蓟县、天津市生态城
河北省	11	石家庄市平山县、邯郸市涉县、保定市易县、保定市阜平县、保定市安新县、保定市涞源县、保定市涞水县、张家口市张北县、张家口市蔚县、唐山市迁西县、秦皇岛市北戴河区
山西省	5	晋中市、长治市壶关县、长治市平顺县、晋城市阳城县、朔州市右玉县
内蒙古自治区	6	内蒙古包头市达茂旗、内蒙古赤峰市宁城县、内蒙古锡林郭勒盟二连浩特市、内蒙古鄂尔多斯市康巴什新区、内蒙古兴安盟阿尔山市
辽宁省	11	盘锦市、沈阳市沈北新区、大连市瓦房店市、抚顺市沈抚新城、本溪市桓仁满族自治县、丹东市凤城市、丹东市丹东宽甸满族自治县、锦州市北镇市、葫芦岛市兴城市、葫芦岛市绥中县、朝阳市喀左县
吉林省	15	吉林市、长白山、长春净月国家高新技术产业开发区、长春市九台区、长春市双阳区、通化市辉南县、通化市柳河县、通化市集安市、通化市通化县、白山市临江市、白山市抚松县、延边州敦化市、延边州延吉市、延边州珲春市、梅河口市
黑龙江省	6	伊春市、哈尔滨市阿城区、哈尔滨市宾县、大庆市杜尔伯特蒙古族自治县、黑河市五大连池市、大兴安岭地区漠河县
上海市	3	上海市黄浦区、上海市青浦区、上海市崇明县

续表

省份	数量	名单
江苏省	8	苏州市、南京市秦淮区、南京市江宁区、徐州市贾汪区、淮安市金湖县、盐城市大丰区、镇江市句容市、泰州市兴化市
浙江省	9	杭州市、湖州市、丽水市、宁波市宁海县、宁波市象山县、衢州市开化县、舟山市普陀区、台州市天台县、台州市仙居县
安徽省	11	黄山市、池州市、合肥市巢湖市、安庆市岳西县、安庆市太湖县、安庆市潜山县、宣城市绩溪县、宣城市广德县、宣城市泾县、六安市霍山县、六安市金寨县
福建省	9	平潭综合实验区、莆田市仙游县、三明市泰宁县、泉州市永春县、漳州市东山县、南平市武夷山市、龙岩市永定区、龙岩市连城县、宁德市屏南县
江西省	11	上饶市、鹰潭市、南昌市湾里区、九江市武宁县、赣州市石城县、吉安市井冈山市、吉安市青原区、宜春市靖安县、宜春市铜鼓县、抚州市南丰县、抚州市资溪县
山东省	13	烟台市、临沂市、济南市历城区、青岛市崂山区、淄博市沂源县、枣庄市台儿庄区、枣庄市滕州市、潍坊市青州市、潍坊市临朐县、威海市荣成市、威海市文登区、日照市五莲县
河南省	10	郑州市、济源市、洛阳市栾川县、洛阳市嵩县、安阳市林州市、焦作市修武县、焦作市博爱县、南阳市西峡县、信阳市新县、信阳市浉河区
湖北省	12	恩施土家族苗族自治州、神农架林区、仙桃市、武汉市黄陂区、黄石市铁山区、宜昌市远安县、宜昌市秭归县、宜昌市长阳县、黄冈市麻城市、黄冈市罗田县、黄冈市红安县、咸宁市赤壁市

续表

省份	数量	名　单
湖南省	13	张家界市、湘西土家族苗族自治州、长沙市望城区、株洲市炎陵县、湘潭市韶山市、湘潭市昭山示范区、邵阳市新宁县、岳阳市平江县、常德市石门县、郴州市桂东县、郴州市苏仙区、怀化市通道县、娄底市新化县
广东省	7	深圳市、珠海市、中山市、江门市开平市、江门市台山市、惠州市博罗县、惠州市龙门县
广西壮族自治区	10	北海市、南宁市上林县、柳州市融水县、桂林市兴安县、桂林市阳朔县、桂林市龙胜县、百色市靖西县、贺州市昭平县、河池市巴马县、崇左市凭祥市
海南省	1	全省各市县区
重庆市	5	重庆市渝中区、重庆市大足区、重庆市南川区、重庆市万盛区、重庆市巫山县
四川省	11	乐山市、阿坝藏族羌族自治州、甘孜藏族自治州、成都市都江堰市、成都市温江区、成都市邛崃市、广元市剑阁县、广元市青川县、雅安市宝兴县、雅安市石棉县、绵阳市北川羌族自治县
贵州省	11	遵义市、安顺市、贵阳市花溪区、六盘水市盘县、铜仁市江口县、毕节市百里杜鹃旅游区、黔西南布依族苗族自治州兴义市、黔东南苗族侗族自治州雷山县、黔东南苗族侗族自治州黎平县、黔东南苗族侗族自治州镇远县、黔南布依族苗族自治州荔波县
云南省	6	丽江市、西双版纳傣族自治州、大理白族自治州大理市、保山市腾冲市、红河哈尼族彝族自治州建水县、迪庆藏族自治州香格里拉市
西藏自治区	2	拉萨市、林芝市

续表

省份	数量	名 单
陕西省	13	宝鸡市、汉中市、韩城市、西安市临潼区、咸阳市礼泉县、渭南市华阴市、延安市黄陵县、延安市宜川县、榆林市佳县、安康市石泉县、安康市岚皋县、商洛市商南县、商洛市柞水县
甘肃省	5	甘南藏族自治州、兰州市城关区、天水市武山县、张掖市肃南裕固族自治县、酒泉市敦煌市
青海省	2	西宁市大通县、海北藏族自治州祁连县
宁夏回族自治区	6	中卫市、银川市西夏区、银川市永宁县、石嘴山市平罗县、吴忠市青铜峡市、固原市泾源县
新疆维吾尔自治区	7	吐鲁番市、哈密地区巴里坤哈萨克自治县、昌吉回族自治州木垒哈萨克自治县、博尔塔拉蒙古自治州温泉县、伊犁哈萨克自治州昭苏县、阿勒泰地区阿勒泰市、阿勒泰地区布尔津县
新疆生产建设兵团	1	新疆生产建设兵团第一师阿拉尔市十团

表 7-2 第二批国家全域旅游示范区创建名单（238 个）

省份	数量	名 单
北京市	2	北京市门头沟区、北京市怀柔区
河北省	6	张家口市、承德市、秦皇岛市、唐山市迁安市、遵化市、邯郸市武安市

续表

省份	数量	名 单
山西省	15	忻州市、太原市阳曲县、大同市灵丘县、大同县、浑源县、长治市黎城县、武乡县、晋城市泽州县、临汾市洪洞县、吉县、隰县、运城市永济市、芮城县、吕梁市岚县、交城县
内蒙古自治区	9	鄂尔多斯市、阿拉善盟、包头市石拐区、土默特右旗、赤峰市克什克腾旗、呼伦贝尔市满洲里市、额尔古纳市、兴安盟乌兰浩特市、锡林郭勒盟多伦县
辽宁省	9	本溪市、锦州市、沈阳市浑南区、大连市庄河市、鞍山市岫岩满族自治县、营口市鲅鱼圈区、阜新市阜蒙县、辽阳市弓长岭区、朝阳市凌源市
吉林省	4	四平市伊通县、通化市东昌区、延边州和龙市、安图县
黑龙江省	7	黑河市、绥芬河市、大兴安岭地区、齐齐哈尔市碾子山区、鸡西市虎林市、佳木斯市抚远市、牡丹江市东宁县
上海市	1	松江区
江苏省	20	南京市、镇江市、无锡市滨湖区、梁溪区、宜兴市、常州市新北区、武进区、金坛区、溧阳市、南通市如皋市、扬州市高邮市、淮安市洪泽县、淮安区、清河区、盱眙县、连云港市连云区、东海县、盐城市盐都区、东台市、宿迁湖滨新区
浙江省	10	衢州市、舟山市、宁波市奉化市、温州市文成县、永嘉县、绍兴市新昌县、嘉兴市嘉善县、桐乡市、金华市浦江县、磐安县
安徽省	11	宣城市、合肥市庐江县、马鞍山市含山县、淮北市烈山区、相山区、铜陵市枞阳县、安庆市宜秀区、滁州市南谯区、全椒县、阜阳市颍上县、砀山县

续表

省份	数量	名　单
福建省	6	厦门市、福州市永泰县、泉州市德化县、龙岩市武平县、三明市尤溪县、建宁县
江西省	7	景德镇市、新余市、萍乡市芦溪县、宜春市宜丰县、吉安市安福县、赣州市瑞金市、龙南县
山东省	9	济南市、泰安市、威海市、日照市、莱芜市、枣庄市山亭区、济宁市曲阜市、滨州市无棣县、聊城市东阿县
河南省	16	焦作市、郑州市巩义市、洛阳市洛龙区、孟津县、平顶山市汝州市、舞钢市、鲁山县、鹤壁市淇县、新乡市辉县、许昌市魏都区、鄢陵县、三门峡市灵宝县、卢氏县、商丘市民权县、南阳市南召县、信阳市商城县
湖北省	4	宜昌市夷陵区、五峰土家族自治县、黄冈市英山县、咸宁市通山县
湖南省	18	怀化市、长沙市长沙县、宁乡县、浏阳市、衡阳市南岳区、邵阳市城步县、岳阳市湘阴县、临湘市、益阳市安化县、桃江县、娄底市涟源市、郴州市资兴市、宜章县、汝城县、株洲市醴陵市、永州市东安县、江永县、宁远县
广东省	7	韶关市、惠州市、梅州市、广州市番禺区、阳江市海陵岛试验区、清远市连南县、揭阳市揭西县
广西壮族自治区	9	南宁市、贺州市、桂林市雁山区、恭城瑶族自治县、防城港市东兴市、钦州市钦南区、玉林市容县、河池市宜州市、来宾市金秀瑶族自治县
重庆市	3	重庆市奉节县、重庆市武隆县、重庆市石柱县
四川省	17	攀枝花市、广元市、雅安市、凉山彝族自治州、巴中市、成都市锦江区、浦江县、新津县、崇州市、绵阳市安州区、平武县、泸州市纳溪区、德阳市绵竹市、宜宾市长宁区、兴文县、达州市宣汉县、广安市华蓥县

续表

省份	数量	名　单
贵州省	7	贵阳市、铜仁市、黔西南布依族苗族自治州、黔东南苗族侗族自治州、六盘水市六枝特区、钟山区、水城县
云南省	6	大理白族自治州、昆明市石林县、曲靖罗平县、玉溪市新平县、澄江县、红河哈尼族彝族自治州弥勒市
西藏自治区	2	日喀则市、阿里地区普兰县
陕西省	4	渭南市大荔县、铜川市耀州区、安康市宁陕县、商洛市山阳县
甘肃省	9	嘉峪关市、张掖市、兰州市榆中县、白银市景泰县、天水市麦积区、陇南市宕昌县、康县、平凉市崆峒区、临夏回族自治州永靖县
青海省	3	海东市乐都区、海北藏族自治州、海南藏族自治州贵德县
宁夏回族自治区	1	全自治区
新疆维吾尔自治区	8	喀什地区、乌鲁木齐市乌鲁木齐县、阿克苏地区乌什县、昌吉回族自治州阜康市、吉木萨尔县、巴音郭楞蒙古自治州博湖县、伊犁哈萨克自治州克斯县、塔城地区裕民县
新疆生产建设兵团	8	第一师16团、第六师青湖经济开发区101团、第七师126团、第八师石河子市、第九师161团、165团、第十师北屯市、185团

“全域旅游”特色小镇 PPP 典型案例

旅游业是现代服务业的重要组成部分。目前，我国旅游消费正由可选消费向刚需消费方向发展，旅游产业已经成为我国社会投资热点和战略性产业。2016 年，我国旅游投资超过 1.2 万亿元。《“十三五”旅游业规划》提出，到 2020 年旅游市场总规模达到 67 亿人次，投资总额 2 万亿元，总收入达到 7 万亿元。

研究发现，在旅游产业链上，PPP 模式也有用武之地：高端酒店、餐饮和旅行社等高度市场化的项目由社会资本自主经营、自负盈亏，与 PPP 模式没有必然的联系。不过，道路和交通设施等旅游基础设施、旅游集散中心、公共停车场等旅游公共服务设施以及旅游景区、旅游综合体等旅游产业项目，PPP 模式则成为当下地方政府的重要选择：旅游行业快速发展，需要加强旅游基础设施建设和提高公共服务水平，采取PPP模式引进优质社会资本可以有效解决旅游基础设施建设资金不足的问题。

2016年12月，国家发展改革委、国家旅游局发布《关于实施旅游休闲重大工程的通知》（发改社会〔2016〕2550号），提出到2020年，依托旅游休闲重大工程的实施，基本建立与大众旅游时代相匹配的基础完善、城乡一体，结构优化、供需合理，机制科学、规范有序的现代旅游业发展格局。该通知要求积极引导社会资本投资旅游业，完善旅游基础设施和公共服务体系，丰富旅游产品和服务。通知同时指出，实施旅游休闲重大工程目标之一为“旅游业对国民经济的贡献明显提高”，全国旅游直接投资年均增长20%，到2020年，实现旅游投资总额达到2万亿元；旅游消费总额达到7万亿元，旅游业对国民经济增长的综合贡献超过10%；旅游就业总量达到5 000万人，旅游业就业对社会就业的贡献率超过10%，每年约200万贫困人口通过发展旅游实现精准脱贫。

我国城市基础设施（如铁路、轨道交通、高速公路、新能源汽车充电桩等）的日益完善，为旅游行业提供了充足的条件，旅游行业PPP项目日益增多。截至2017年4月，财政部PPP综合信息平台入库项目共计12 287个，累计投资额14.6万亿元，覆盖31个省（自治区、直辖市）及新疆建设兵团和19个行业领域。行业领域方面，入库项目数前三位是市政工程、交通运输和旅游，合计占入库项目总数的53.7%。随着我国不断出台政策持续促进旅游投资和消费，未来旅游PPP项目在全部PPP项目中的占比将不断提升，发展空间广阔。

在国家政策的指引和支持下，地方政府也加大了对旅游PPP项目的支持力度。目前，国内有不少旅游旅游小镇PPP项目正在建设中，下面以广东省清远市连南县全域旅游PPP项目为例加以说明。

【案例7–5】

广东清远连南县的全域旅游❶

广东省清远市连南瑶族自治县位于广东西北部，是珠三角地区重要的生态屏障和水源地，被列为国家生态功能重点县。连南是广东省少数民族人口最多的自治县以及全世界唯一的排瑶聚居地。2012年，连南对区域旅游的定位是世界瑶族文化旅游体验地，并提出打造民族文化风情与休闲养生旅游目的地。连南旅游资源丰富，生态保存完好，森林覆盖率达87%，有板洞、排肚两个省级自然保护区，境内珍稀动

❶ 刘阳，李忠华．中国电建与连南签署PPP项目战略合作框架协议 打造油岭生态旅游特色小镇［N］．南方日报，2016–10–21（PC02）．

植物众多；连南瑶族风情独特神秘，有多项国家、省级非物质文化遗产和多处国家级历史文化遗产。

近年来，连南在探索和推动全域旅游建设方面小有成绩。2015年连南的旅游数据已经超过国家全域旅游示范区创建的主要指标：旅游业增加值占地区生产总值比重超过23%；旅游从业人数占本地就业总数的比重为35%；年游客接待人次达到本地常住人口数量的12倍以下；当地农民年纯收入近10 000元；旅游税收占地方财政税收的30%。目前，连南提出打造百里瑶山、处处美景、汉村瑶寨“人人投入旅游、服务旅游”的全域旅游发展格局。

2016年10月，中国电力建设集团有限公司与连南县签署PPP项目战略合作框架协议。根据协议，双方将利用PPP模式以打造油岭生态旅游特色小镇为起点扩大到连南全县全域旅游项目。该PPP项目包括连南县范围内的道路等基础设施、古建筑保护、生态环境保护、水环境治理、新景区开发与运营以及学校、医院、污水处理等项目的规划、设计、建设和运营等。

08
国内特色小镇经典案例解读

目前，特色小镇在我国尚处于起步阶段，分析、总结、研究国内已经建成的特色小镇尤其是取得明显效果的特色小镇，对全面、深入、科学地理解特色小镇和指导我国未来特色小镇建设具有重要的意义。

乌镇智慧小镇范本

随着智能化、物联网时代的到来，在特色小镇的建设中，需要融入互联网的元素，植入互联网的基因，最后建设成为智慧小镇。在世界经济加速向网络信息技术产业发展的大背景下，以信息化改造提升传统动能，提高供给质量和效率，助推供给侧结构性改革，推动传统产业数字化、智能化、网络化转型升级，是特色小镇发展的大趋势。以旅游类的特色小镇为例，借助互联网技术，加快推动旅游在线服务如网上预订、网上支付等“智慧旅游”服务，实现旅游特色小镇在景区、餐饮、住宿、购物等各方面的信息互通，是未来我国旅游特色小镇的发展趋势。

智慧小镇建设特点

智慧小镇是什么？权威的描述是，互联网、无线传感器、物联网、大数据、云计算等先进技术在小镇居民生产生活中应用的集成。以互联网技术为基础，一方面，促进小镇产业转型升级；另一方面，为小镇居民生活带来便利，提高小镇居民的生活水平。那么，如何借助互联网科技来进一步推动特色小镇向智慧小镇演进，实现发展的创新性与可持续性？

研究认为，特色小镇要建成“智慧型”的小镇，首先要从规划阶段尤其是基础设施建设开始谋划建立智能型的信息平台，否则容易形成“数字信息孤岛”[1]，很难起到协同作用，严重的甚至会相互掣肘。因此，建设智慧小镇当务之急是建立一个统一的数字平台。只有建设一个合作、开放、共享的平台，才能形成一个巨大的信息生态系统，真正为智慧小镇提供基础信息系统的服务。

目前，业内比较一致的看法是，我国建设智慧小镇的各项条件已经

[1] 此前很多地方搞智慧城市建设，逐个项目逐个行业进行智能化，比如今天做智慧交通，明天搞智慧教育，后天又做智慧医疗，各个系统之间的信息没有连接，极易造成数字信息孤岛。

具备，堪称“天时，地利，人和”。在互联网的大潮下，“互联网 +”已成为国家发展战略，信息产业蓬勃发展，这为智慧小镇的建设带来了天时；特色小镇基础设施完善，这为智慧小镇带来了地利；特色小镇吸引更多的高新技术人才和创业者到特色小镇居住，这是人和。

借助“互联网 +”，乌镇开启智慧模式

调研发现，国内许多旅游类的小镇已经开始在“互联网 + 旅游”方面探路，浙江乌镇无疑是其中的佼佼者。

在人们传统的印象中，千年水乡古镇乌镇拥有小桥流水的美景，当地居民过着日出而作日落而息的生活。然而，2015 年召开的第二届世界互联网大会颠覆了人们对这个江南古镇的看法。走进乌镇，网络无处不在，智慧触手可及：26 条万兆级光缆接入镇区，乌镇管家、5G 车联网等一批智慧项目接连落地，智慧安防、智慧旅游、智慧养老、智慧医疗等新业态快速发展。

乌镇因旅游而享誉国内外，因此，在借力“互联网 +”的发展过程中，“互联网 + 旅游”自然成为首选。

乌镇“触网”，为游客带来便利

因“互联网 +”，万千游客享受到了到乌镇旅游的便利。如下载App“掌上游乌镇”，用手机上网预订住宿，扫描二维码电子票进入景区，通过支付宝钱包在景区商超购物，等等。此外，乌镇还启用了 7 个“智慧信息亭”，游客可在亭内查询乌镇的天气、旅游路线、餐饮、住宿、停车场位置等信息。与此同时，借助互联网平台，乌镇本地的民宿老板也实现了经营模式的转变。此前他们需要花大量时间和精力去景区招揽生意，而现在绝大多数游客通过互联网入住，为民宿老板节省了经济成本和时间成本。

乌镇开启智慧养老新模式

乌镇在全国养老行业率先开创医养深度融合的“互联网”新模式即“智慧养老 2+2”新模式，实现了居家和社区养老、医疗服务的全覆盖。“智慧养老 2+2”新模式即通过线上云平台（乌镇智慧养老综合服务平台、远程医疗服务平台）和线下服务资源（居家养老服务照料中心、社区卫生服务站），以健康档案为核心，利用自动检测终端、健康管理App、物联网智能居家设备，对老年人进行持续健康状况跟踪，记录进个人电子健康档案，最终建立集预防保健、全科医疗、康复治疗、健康教育、计划免疫指导为主的连续性、综合性、低成本、高效率、可复制、易推广的医养服务模式。

【案例 8-1】

乌镇城乡社区智慧养老服务体系

《桐乡通讯》发表文章《乌镇“互联网小镇”发展设想》。对乌镇城乡社区智慧养老服务体系示范项目进行了介绍。该项目总投资超过 5 000 万元，新建房屋超过 5 300 平方米、改造房屋超过 3 000 平方米，服务体系利用阿里云、微信、App 等集中开发服务与管理应用系统，并建立数据模型。该项目为老人在家中安装智能居家照护设备、U-CARE 远程健康照护设备，派发 SOS 呼叫跌倒与报警定位设备，最终形成以互联网为基础的智慧养老综合服务平台。该项目通过建立老人服务卡，对老人的基本信息、健康信息、服务信息实行一体化管理，为综合评估老年人的健康状况提供了更全面的支持，可以为老人制定慢病干预计划等。该项目也可以让老人体验互联网，如可以学习微信、接触 iPad、3D 打印技术、体感互动游戏、网络电视等。

【案例 8-2】

乌镇旅游公司智慧建设项目

该项目突出的创新点有：一是建设西栅游客服务中心1号停车场车位引导系统。系统通过停车计费管理系统、车位智能引导体系、引导指示屏等作为车位引导服务平台，提升游客体验，疏导景区交通，提高空间利用率和智慧化管理水平。二是乌镇电商B2C、B2B、App平台项目。通过增加电子门票、在线订房、套餐、特产、OTA第三方渠道管理等，让游客在乌镇旅游过程中更为方便快捷地全方位感知互联网带来的便利。三是乌镇移动微站平台（H5）。通过景区手机扫码入园、景区O2O体验、景区游览导航、智能语音讲解等，增加移动端游客的自助游览体验，落地O2O体验。四是景区车船调度系统。利用GPS或北斗导航定位，对车辆和游船资源实现有效调度。

乌镇是浙江本轮经济转型发展最具典型性的代表之一。小镇因互联网而更完善、更科学、更人性化，也更具有竞争力。可以说，互联网成了小镇的转型基因，融入互联网因素的小镇在千年文化的基础上有了更加现代时尚的元素，让游客置身其间，既能闻到历史的别样味道，又能体味到现代便捷的科学，仿佛穿行在过去与现在、历史与未来、东方与世界的时空之间，别有一番风味，真正称得上是“互联网+特色小镇”的典范。

探究古北水镇建设成功经验

古北水镇位于北京市密云区古北口镇司马台村，是基于北方水文化，在原有的三个自然村落的基础上修整改建而成，是司马台长城脚下独具北方风情的度假式小镇。整个古北水镇面积近 10 平方千米，于 2010 年签约新建打造，并于 2014 年 10 月正式对外营业。2015 年，古北水镇接待游客量超过 160 万人次，旅游综合收入近 5 亿元。2016 年，古北水镇游客量突破了 245 万，旅游收入达到 7.35 亿元，同比分别增长 67% 和 59%。预计进入成熟运营期后，每年将接待游客 400 万人次，旅游综合年收入达到 10 亿元。古北水镇历经 4 年打造成功，对我国特色小镇建设具有重要的借鉴意义和示范效应。

找准卖点，立足自身优势高起点规划

在规划之初，古北水镇就充分结合自身的优势资源进行高起点规划，即以“长城观光、北方水乡”为核心卖点，把项目规划定位为集观光游览、休闲度假、商务会展、创意文化等旅游业态于一体、服务与设施一流、参与性和体验性极高的综合性特色休闲旅游度假目的地。根据项目的功能分布，整个水镇分为六区三谷[1]。整个水镇范围内规划大量酒店、民宿、餐饮、温泉、演艺、娱乐等配套服务设施，总体规划有 43 万平方米的明清及民国风格的山地合院建筑，包含 2 个五星标准大酒店、6 个小型精品酒店、400 余间民宿及餐厅、商铺，10 多个文化展示体验区及完善的配套服务设施，满足人们对观光、休闲、度假和会议的需求。此外，项目后期还规划了别墅地产、度假公寓等多种业态，满足项目的可持续发展。

充分利用丰富的自然和人文资源

国内部分小镇要么自然风景优美却缺乏厚重的人文资源，要么历史

---

[1] 六区三谷即老营区、民国街区、水街风情区、卧龙堡民俗文化区、汤河古寨区、民宿餐饮区与后川禅谷、伊甸谷、云峰翠谷。

积淀深厚但旅游景点吸引力不够，由于不具备自然和人文双重资源，导致斥巨资建设后的小镇发展动力不足，后期运营困难。相比之下，古北水镇拥有得天独厚的自然和人文资源：其位于北京市密云区古北口镇区域内，背依司马台古长城，坐拥鸳鸯湖水库，是北京市及周边地区罕见的山、水、城有机结合的自然古村落。不仅如此，古北水镇还有珍贵的军事历史遗存和独特的地方民俗文化资源。

此外，古北水镇地理位置优越，其距离北京仅100余千米，处于京承黄金旅游干线上，高速公路直达景区，交通十分便捷。由于地处北京市郊，古北水镇拥有北京市两千多万潜在旅游消费者，而通过北京这一知名旅游目的地平台，间接拥有数千万乃至上亿的潜在客源市场。

围绕水镇特色努力挖掘各类创意要素

按照住建部等联合发布的《特色小镇培育通知》精神，特色小镇要彰显特色的传统文化，让传统文化得到充分挖掘、整理、记录，历史文化遗存得到良好保护和利用，非物质文化遗产活态传承。古北水镇深入挖掘整理传统历史文化，重点是充分挖掘山、水、长城、民俗文化等多种创意要素。如古北水镇巧妙利用堤坝等设施打造一个个首尾相连的水面，贯穿整个小镇，最终形成一座北方水乡小镇；又如在建设中大多采用“修旧如旧”的手法，展现小镇久远的历史和深厚的文化积淀。

形成成熟的操作模式

古北水镇项目总投资规模超过40亿元。投资方采用成熟的市场化资本运作方式，由中青旅控股股份有限公司、乌镇旅游股份有限公司、北京能源投资（集团）有限公司和其他战略投资者共同成立北京古北水镇旅游有限公司，按出资比例共同持股，承担古北水镇的开发、建设。

创新经营管理

为实现持续经营，古水北镇在规划时就对景区业态进行了“三三制”划分，即1/3的门票收入、1/3的酒店收入和1/3的景区综合收入。在古北水镇经营业态上，除门票外，经营者更加重视游客在景区的二次消费，现已形成温泉、餐饮、游船、索道、住宿、演艺和娱乐等多种业态复合经营的良好态势。这种模式既充分满足了游客的多种旅游消费需求，又极大降低了门票收入在整个经营收入中的比例，成功破解了困扰业内的

“门票经济”难题。

不仅如此，针对北方景区冬季游客减少的问题，古北水镇适时开发出雪地长城观赏、庙会、冰雕节、温泉等一系列冬季旅游产品，这种模式使得小镇“淡季不淡”，保证了小镇运营的可持续性。

最后，政府的大力支持是古北水镇建设取得成功不可或缺的重要因素。古北水镇项目是北京市“十二五”规划的重点旅游建设项目，小镇的开发得到了当地政府的大力支持，密云政府除给予基建补贴外，还在道路交通、征地拆迁、水电供暖等方面给予支持与帮助。

解读杭州玉皇山南基金小镇

在浙江省首批特色小镇创建名单中，以金融业为特色的杭州玉皇山南基金小镇格外受到关注。

玉皇山南基金小镇概况

2015 年 5 月 17 日，被称为“中国版格林尼治基金小镇”的杭州玉皇山南基金小镇正式揭牌，这意味着我国有了自己的“基金小镇”。

玉皇山南基金小镇位于杭州市上城区玉皇山南，地处西湖世界文化遗产保护带的南端。小镇北依西湖，南临钱塘江，东靠杭州新 CBD 钱江新城，西望群山，是千年皇城脚下的城中村。玉皇山南基金小镇规划占地面积 3.2 平方千米，总建筑面积约 30 万平方米。说起玉皇山南基金小镇的特色所在，主要是以美国格林尼治基金小镇为标杆，运用国际先进理念和运作模式，结合浙江省和杭州市的发展条件和区域特质所打造的集基金、文创和旅游三大功能于一体的特色小镇。具体来说，基金小镇提供一系列特色金融配套服务，如引进由浙江省金融业发展促进会组建和管理的浙江省金融家俱乐部、创办浙江金融博物馆、成立对冲基金研究院以及为小镇入驻私募机构提供专业化服务等。此外，基金小镇还提供公共食堂、商务宾馆、停车场、超市等优质的配套服务。

入驻机构资产规模大

根据玉皇山南基金小镇规划，小镇一期山南国际创意产业园已经建成，入驻企业以文创、私募（对冲）基金为主；二期主要集聚私募基金龙头型企业；三期主要是引进为基金小镇提供配套金融服务的私募中介机构、初创型机构等。

自 2015 年 5 月正式挂牌以来，玉皇山南基金小镇资金管理规模超过 5 900 亿元[1]，实现税收超过 10 亿元，同比增长约 200%，一举成为杭州市

❶ 玉皇山南基金小镇的目标是三年内资金管理规模超过 5 900 亿元，结果三年目标一年多就实现了。基金小镇发展的第二个目标是争取五年之内资管规模达 2 万亿元。

私募股权投资企业最多、管理资产规模最大的区块。入驻玉皇山南基金小镇的企业在业内赫赫有名，有很多还是行业的领军企业。[1] 此外，政府及部分民间产业母基金、银行业金融机构等为企业融资提供服务的机构也纷纷入驻基金小镇。

入驻企业经济效益显著

与国内其他地方正在建设中的基金小镇不同，杭州玉皇山南基金小镇已经取得了初步的成效，入驻企业已经取得了明显的经济效益：2015年，基金小镇税收超过4亿元。2016年第一季度小镇税收收入超过3亿元，同比增长313.85%。截至2016年第一季度，基金小镇有800多亿元资金投入实体经济，受益企业600余家，涉及上市公司60余家。未来，玉皇山南基金小镇将以专业化、国际化、市场化为着力点，积极打造“产业生态圈”，计划入驻各类基金管理公司及中介、配套服务机构2 000家以上，重点引入国家级大型产业基金、全国百强私募基金等标杆性企业，力争资产管理规模达到千亿级的标杆性机构不少于5家，总资产管理规模达到1.2万亿元以上，投向创业创新实体经济的资金规

---

[1] 目前，基金小镇已经集聚了包括安丰创投、浙江赛伯乐、杭州联创、凯泰资本、敦和资管等在内的一流私募机构。

模达到 4 000 亿元，其中投向省内资金占比 1/4 以上，实现税收收入 20 亿元，新增培育上市公司 20 家。

玉皇山南基金小镇建设的经验解读

充分利用基金小镇的明显优势

研究发现，杭州玉皇山南基金小镇之所以成为国内第一个基金小镇且取得明显的成绩，与其自身的优势不无关系。

充分利用区位条件优越。从地理位置上看，浙江环抱着金融中心上海。而在美国，作为金融中心的纽约周围也聚集着非常多的对冲基金，其中格林尼治基金小镇最为知名。具体到杭州玉皇山南与上海的区位关系，类似于美国康涅狄格州的格林尼治与纽约的关系，同城效应明显。进一步研究发现，无论是在区位、环境，还是在发展条件上，玉皇山南基金小镇都与格林尼治基金小镇都极为相似。因此，玉皇山南基金小镇可以借鉴格林尼治基金小镇的成功经验，承接上海国际金融中心的辐射效应，致力于金融产业的分工、协同和错位发展，做大做强基金产业。

浙江省私人财富集中。如上所述，多年来，浙江省大力发展商品经济，产业基础扎实，商业氛围浓厚，私人财富集中，有一个成熟的投资者群体。浙商是一笔宝贵的财富，资源多、资金量大。据统计，浙江的民间资本规模约 1 万亿元。地方政府依托基金小镇平台，可以吸引大批浙商资本的回归。

金融业发达，产业资源丰富。目前，杭州的金融业发展水平在全国处于领先地位。2016 年 11 月，中国（深圳）综合开发研究院发布了第八期“中国金融中心指数”（CDI · CFCI）。该指数利用金融产业绩效、金融机构实力、金融市场规模和金融生态环境等四大领域的 85 项指标，综合评价我国 31 个金融中心城市，包括三大全国性金融中心和六大经济区域的 28 个区域金融中心。综合竞争力排名前十的是上海、北京、深圳、广州、成都、杭州、天津、重庆、南京、苏州。杭州上城区金融发展态势良好，金融业增加值居全市前列，尤其是股权投资行业起步较早，走在全省的前列，此前已集聚了多家股权投资企业。

旅游资源丰富，自然人文融合。玉皇山南基金小镇风景优美，旅游资源丰富。基金小镇位于西湖景区这一世界遗产的核心地带，拥有国内一流的山水人文环境，具有历史与人文、环境与文化、金融与文创“三个融合”的特征。小镇旅游资源类型丰富，山水、生态、人文兼有，南宋吴越文化、工业文化、现代创新文化相互交融，具备打造宜商、宜业、宜居、宜游特色小镇的巨大潜力。目前，基金小镇 4A 景区创建工作已正式启动。

构建“金融生态圈”，聚集创新资源

玉皇山南基金小镇定期组织专项的沙龙、路演，进行天使投资人和创业者的培训。小镇的整体氛围让入驻企业容易找到合适的伙伴，从而共同创业发展。

出台新政引进人才

特色小镇建设的核心是人才，其持续发展的活力和动力也是人才。玉皇山南基金小镇的建设经历了从“筑巢引凤”到“引凤筑巢”的过程。

基金小镇依据杭州“人才新政 72 条”，制定了一系列有针对性的人才政策，出台了金融、科技、人才“1+3”政策体系。此外，还为高端人才就近提供人才公寓，小镇国际医疗中心可为园区人员提供国际医保结算并开通就医绿色通道，设立从幼儿园到初中的国际化双语学校解决人才子女教育问题……这些引才政策对金融行业人士具有很强的吸引力。作为杭州市金融人才改革试验区，杭州玉皇山南基金小镇已累计引来国内外高端金融人才逾 2 000 名，其中海归人才 200 余人，国内领军人才 30 余人。

09
特色小镇全球样板

为了更为科学、稳定、持久地发展我国的特色小镇，少走弯路，少交学费，有必要学习、研究和借鉴国外先进发达国家在特色小镇发展方面的成功经验，尤其是典型性的成功案例。

欧美国家如何打造特色小镇

法国格拉斯香水小镇、瑞士达沃斯小镇、英国温莎小镇、美国格林尼治小镇……一个个耳熟能详、世界闻名的小镇在给所在地带来巨大的经济利益的同时，也提高了所在国的影响力。

国外特色小镇的典型特征

从国外的小城镇发展经验来看，国外小镇建设大多定位于个性化发展，往往一所大学就是一个小镇，一家跨国公司就是一个小镇，一个文化品牌就是一个小镇。《国外产业特色小镇怎样造？》一文认为，国外产业特色小镇有如下几个特点：一是拥有强大的地方自治权，具体包括独立的财政权、总规划师制度和重视对公共服务领域的投资。独立的财政权，如瑞士中小城镇的大部分收入来自居民和企业税收，每个城镇可以设定各自的税率，以吸引更多居民和企业进驻。总规划师制度，如德国所有中小城镇的地方政府管理机构都雇有专业城市设计师，负责指导当地的土地发展、颁发建筑许可、调解相关的法律纠纷等。二是专业化的产业集聚氛围，具体包括三方面，首先是具有悠久的手工艺传统，重视和支持私营企业和个体经营，使这些企业各自活跃于地方、区域或全球市场。其次是拥有合格的人才，注重对年轻技术人才的培养和素质的提升。最后是拥有较高的服务水平，中小企业互补，使企业在全球化市场中凭借城市网络的聚集效应增强自身竞争力。三是重视与大城市的合作疏通，在“大都市化”的背景之下，小城镇成为大都市区域和地方空间的交界点，扮演着枢纽角色，起到了衔接功能，让所有的地方都能和那些向世界经济开放的大都市相联系，因此，国家的医疗政策、高等教育政策和交通政策都对这些“中介城市”给予极大关注。

欧美发达国家在挖掘特色产业、打造特色产业链、促进产业转型升级方面进行了成功的实践。下面以世界著名的法国格拉斯香水小镇和与硅谷齐名的美国格林尼治对冲基金小镇为例加以介绍。

【案例 9-1】

法国格拉斯香水小镇[1]

俗话说："世界的浪漫在法国，法国的香氛在格拉斯小镇。"

现代香水发端于16世纪的格拉斯，这里是世界上最著名的香水原料供应地，因此格拉斯又被称为法国香水小镇。格拉斯小镇位于法国东南部普罗旺斯—阿尔卑斯—蓝色海岸大区滨海阿尔卑斯省，是一座环境优美清幽、气候温和湿润、街道交错狭窄的中世纪小城。得天独厚的自然环境使得这里成为花草优生地带，再加上地区人文和产业偏好，小镇重点产业逐渐偏向花卉种植业及香水工业，其中花卉种植涉及茉莉、月下香、玫瑰、水仙、风信子、紫罗兰、康乃馨及薰衣草等众多品种。

格拉斯小镇人口不到4万，香水工厂却超过30家[2]。小镇还围绕香水发展了一系列的鲜花产业链，如设置国际香水博物馆、香水实验室、香水实验工厂、普罗旺斯艺术历史博物馆、香水学校[3]、花田等，每年吸引全球数十万旅游人士。香水旅游成为时尚，旅游业也成为格拉斯

---

❶ 乐冬．香水之都——法国格拉斯小镇［N/OL］.2016-10-28［2017-08-03］. http：//www.archcy.com/focus/The%20characteristic%20town/ae94864f32eb42e2.

❷ 法国是世界第一香水出口大国，占全世界香水出口量的38%，格拉斯则是法国香水的第一产地——全法国80%的香水在这里生产。每年，小镇为生产香水而采集的花朵有700万千克之多，香水业为小镇创造的财富超过6亿欧元。

❸ 格拉斯有一所培养调香师的学校，招收任何年龄的学生，唯一条件是鼻子要够灵敏，因为每个学生都必须学会分辨500种不同的气味才准予毕业。

的支柱产业。此外，小镇每年都要举行国际玫瑰博览会和“茉莉花节”，节庆活动热闹非凡。

需要说明的是，格拉斯小镇最初以皮革业知名，后来因环境污染问题开始产业转型，结合当地特色大力发展花卉产业，并迅速成为世界的香水之都。目前，小镇又开始围绕香水产业大力发展旅游业。

格拉斯小镇在其发展的过程中历经多次产业转型，并最终走上了以绿色农业为基础（鲜花）、新型工业为主导（香水）、现代服务业为支撑（旅游）的经济发展模式，这对我国的特色小镇发展具有重要的参考价值和借鉴意义。

【案例 9–2】

美国格林尼治对冲基金小镇[1]

在格林尼治，有超千亿美元的对冲基金大鳄，格林尼治因此被誉为“世界对冲基金之都”。

格林尼治小镇位于康涅狄格州，占地面积仅 170 多平方千米，人口只有 6 万多。然而，就是在这座小镇里，集中了超过 500 家的对冲基金公司，其掌握的财富规模全世界仅排在纽约和伦敦之后。格林尼治是康涅狄格州最富有的小镇，也是美国最富有的小镇之一。

[1] 王文．格林威治的“特色”是怎样炼成的［N/OL］.2016–12–02［2017–08–03］. http：//news.xinhuanet.com/mrdx/2016–12/02/c_135874780.htm.

格林尼治小镇具有明显的特点与优势，这也是其成功的原因所在。一是集聚效应明显。通常认为，对冲基金交易可以远程下单，金融市场交易所的地理位置并不重要。实际上，对冲基金行业是对聚集效应要求最高的行业。如机构投资者需定期跟踪，对冲基金在一起能够形成规模效应（在格林尼治小镇，超过20%的16岁以上的劳动人口从事金融或者保险业）。二是税收优惠。几十年前格林尼治就开始发力吸引对冲基金，当地税收要比纽约低很多（如年收入千万美元的员工可以少支付50万美元个人所得税），由此吸引了最早的一批对冲基金企业在小镇落户。三是离纽约州很近，只有60千米，坐火车只需半个多小时。此外，小镇周边还有三个机场，方便年轻人出行。四是环境优美，有森林、草地和峡谷等。小镇别墅成片，有“庄园之镇”的美称。花园般的生活和工作环境对基金工作人员来说具有很大的吸引力。五是基础设施配合齐全，配备有各类娱乐设施、健康健身设施和心理诊所，有利于交易员释放压力。

探究德国特色小镇模式

提到德国的小镇，首先浮现在人们脑海中的，是遍布平原、山地和丘陵地区的小城镇，这里风景优美如画、历史久远、人文气息浓厚，具有浓郁德意志特色的古堡、教堂、屋舍、桥梁、道路和港口等总是令人流连忘返。探寻其间，人们会为小镇的基础配套设施所折服：从医疗机构、邮局、消防、金融服务机构，到小广场、停车场、休闲椅、公厕，再到残疾人无障碍通道等，可以说，大城市的配套服务设施在小镇几乎应有尽有。

不过，如果以为德国特色小镇之“特”仅仅在配套基础设施这些表象，那就错了，实际上，德国特色小镇之所以与众不同，关键在于其强大的特色产业和独特的基因。

德国特色小镇因特色产业而强大

德国的特色小镇，其特色产业并非局限于某镇、某地区或德国国内，而是在全球都具有竞争优势的产业。

德国拥有数以十万计的各类企业，其中有相当多的企业遍布于乡镇，加上大量中小工商企业和服务业企业，创造了大量就业岗位，城镇化率超过 90%。以德国汽车产业为例，全球知名的大众、奥迪、欧宝的总部分别位于沃尔夫斯堡、因戈尔施塔特和吕塞尔斯海姆。此三地相比首都柏林（德国排名前 100 的大企业中，只有 3 个将总部放在柏林）、法兰克福、慕尼黑、汉堡等全球知名的城市来说不显山不露水，人口数量也不多（沃尔夫斯堡 12 万、因戈尔施塔特 13 万、吕塞尔斯海姆 6.3 万）。可以说，除了风景优美、基础设施齐全等优势外，特色产业才是德国特色小镇自身强大的基因所在。

德国特色小镇保持蓬勃生命力的原因

研究发现，德国的产业中心分散在全国各地。其中，每个小城镇都是一个产业中心，同时这个产业也是当地的经济支柱。而正是这些无论在当地、德国、欧洲乃至世界上都极具竞争力的企业，吸引了无数的高素质的人才聚集于此，使得德国小镇始终保持着蓬勃的生命力。

在“专”和“精”上下功夫

众所周知，无论是政策支持、产业基础，还是地理条件、市场容量，小镇都无法与大中城市相比。一个明显的事实是，小镇的产业门类很难做到大而全，产业在协同配套方面困难重重。因此，为增强核心竞争力，实现可持续发展，德国特色小镇在“专”和“精”上下功夫，最终取得了成功。

多镇抱团发展形成产业集群

德国特色小镇（尤其是工业小镇）拒绝个人英雄主义，而是选择“一镇主攻一业、多镇抱团发展”的模式。小镇的企业之间地理上相互靠近，产业上相互关联，共享一个在企业合作、技术转化、人才培训方面提供专业服务的平台，经过长期的发展，最终形成区域大产业链的生态圈。如德国巴登符腾堡州的机械制造闻名于世，其中，板材加工、小型车床、手持无线电动工具等分别由不同的小镇生产。几个小镇虽然企业规模不算巨大，但在采取多镇抱团的模式后，巴登符腾堡州成为世界机械制造领域最具竞争力的地区，享有“隐形冠军之乡”的盛誉。

在德国政府的大力支持下，形成了很多以产业城镇聚集区为载体的顶尖技术产业集群。数据显示，截至2015年，全德国已经评选出15个尖端产业集群。不仅如此，为促进小镇产业发展，德国还充分发挥机构的作用，如巴伐利亚州的新兴产业集群依托的是巴伐利亚创新联盟，联盟将巴伐利亚州投资促进局、新兴创业中心以及金融机构吸纳进来，同已有的产业促进机构联合，形成了以中小企业为服务主体的网状集群。

广泛吸引科技人才创业，形成创业创新的氛围，促进产业转型升级

在特色小镇的建设过程中，政府部门需要建设科技创新服务平台，构建富有吸引力的创业创新生态圈。下面以德国蒙绍市城乡地带科技型小镇为例加以说明。

【案例 9–3】

德国蒙绍科技小镇

蒙绍科技小镇位于德国西北部北威州的群山怀抱之中，人口只有1.5万，森林覆盖率高达45%，至今仍保留着17世纪的建筑和完整的城镇风貌。目前小镇拥有200多家中小企业，是德国新兴科技型、就业型、经济状况良好、失业率较低的小城镇。早在1996年，蒙绍政府就在市郊区投资创建HIMO科技创新中心，鼓励和帮助有创新思想和能力的年轻人创建公司，政府为新兴科技创新产业发展提供企业创立和管理咨询、展销、培训以及后勤服务等。此外，HIMO科技创新中心还给予企业适当补贴等。

近年来，随着人口老龄化和生产加工厂区外移，德国就业形势严峻。在此背景下，德国积极支持创建新兴科技型中小企业。

以铜为镜，可以正衣冠；以史为镜，可以知兴替；以人为镜，可以明得失。与发达国家德国相比较，我国虽然在经济社会发展基础和发展程度、人口规模、产业布局、人文历史、旅游特色等方面均有很大的不同，然而，分析德国特色小镇的历史与现在，研究德国特色小镇的成功经验、探析德国小镇建设的路径，其始终强调产业求专求精的精神，务求抱团发展、产业与城市发展共赢等理念，值得我国学习和借鉴。

参考文献

[1] 冯新刚.《关于开展特色小镇培育工作的通知》的文件解读[N/OL].2016-10-31[2017-03-12].https://sanwen8.cn/p/2cacrvy.html.

[2] 张定春.堪比乌镇的古北水镇经营模式是如何操盘的?[N/OL].2016-09-08[2017-02-16].https://sanwen8.cn/p/463Wc5D.html.

[3] 王方.冰火两重天 特色小镇古北水镇寻动能[N].中国科学报,2017-01-11(8).

[4] 林萍.玉环时尚家居小镇接受第三批省级特色小镇实地初审[N/OL].2017-01-24[2017-05-16].http://yhnews.zjol.com.cn/yuhuan/system/2017/01/24/021022275.shtml.

[5] 李风.浙江出台特色小镇规划建设指导意见[N/OL].2015-06-11[2017-03-09].http://www.gtzyb.com/yaowen/20150611_86006.shtml.

[6] 深度解析浙江特色小镇建设经验[N/OL].2016-10-31[2017-06-18].https://sanwen8.cn/p/4e1e7h8.htm.

[7] 宋鹤立.特色小镇为何而建[N/OL].2016-11-07[2017-06-19].http://urban.people.cn/n1/2016/1107/c397284-28840923.html.

[8] 山东省委党校课题组.浙江特色小镇发展的经验与启示[N].大众日报，2017-01-04(10).

[9] 中智科博产业规划.浙江特色小镇五大成功经验[N/OL].2016-09-26[2017-05-23].http://www.zzkb.org/zhongzhiguandian/3563.html.

[10] 潘晓娟.特色小镇建设：要掌握好火候 抓紧但不“抓狂”[N/OL].2017-01-04[2017-06-16].http://www.ceh.com.cn/cjpd/2017/01/1022422.shtml.

[11] 冯李华.枫泾在传承与创新中打造特色小镇“升级版”[N].解放日报，2017-01-05(04).

[12] 刘阳，李忠华.中国电建与连南签署PPP项目战略合作框架协议 打造油岭生态旅游特色小镇[N].南方日报，2016-10-21(02).

[13] 齐中熙，周慧敏.从“景点旅游”向“全域旅游”转变——访国家旅游局局长李金早[N/OL].2016-01-29[2017-05-16].http://news.xinhuanet.com/fortune/2016-01/29/c_1117941264.htm.

[14] 鲁元珍.国家旅游局：推动发展“全域旅游”[N/OL].2016-01-31[2017-06-06].http://news.xinhuanet.com/politics/2016-01/31/c_128687589.htm.

[15] 刘宁宁.昌乐发展现代农业培育特色小镇建设新型社区[N/OL].2017-02-09[2017-06-15].http://www.wfnews.com.cn/news/2017-02/09/content_1831178.htm.

[16] 尹成杰.如何推进特色小镇建设和发展？[N/OL].2016-09-06[2017-04-19].

http：//www.agriplan.cn/experts/2016-09/zy-1677_21.htm.

[17] 常龙川 . 甘坑新镇项目开发令人期待 [N] . 深圳侨报，2016-10-11（02）.

[18] 李海若，苏之程，林素珠 . 华侨城投资 300 亿打造深圳第一镇“甘坑新镇”[N]. 晶报，2016-05-11（A18）.

[19] 范瑟 . 房企扎推试水特色小镇，专家提醒防止以小镇名义搞房地产开发 [N/OL] .2016-11-09 [2017-06-16] .http：//www.thepaper.cn/newsDetail_forward_1557568.

[20] 方王洋 . 特色小镇：房企“再出发”的新路径？ [N/OL] .2016-11-04? [2017-06-19] .http：//news.163.com/16/1104/01/C507V38T000187VI.html.

[21] 李荣华，刘昊 . 梧桐山艺术小镇彷徨 6 年仍在寻路 [N/OL] .2014-10-10 [2017-06-12] .http：//sz.southcn.com/s/2014-10/10/content_109806203_2.htm.

[22] 宋晓华 . 江苏将建 100 个特色小镇　鼓励金融机构加大支持力度 [N/OL] .2017-02-07 [2017-06-16] .http：//www.js.xinhuanet.com/2017-02/07/c_1120421815.htm.

[23] 苏商会 . 江苏正式发布特色小镇创建方案 [N/OL].2017-01-18[2017-06-18]. https：//465557.kuaizhan.com/24/62/p4005118651fdb98.

[24] 刘源隆 . 特色小镇崛起 [J] . 小康，2017（01）.

[25] 沈春竹 . 江苏特色小镇建设的土地政策创新思考 [N/OL].2017-05-12[2017-06-16] .http：//www.jstdxh.org.cn/xsjl/zjsd/2017/02/101051259964 25.html.

[26] 浙江10个特色小镇的成功开发案例：梦想小镇、青瓷小镇、云栖小镇[N/OL].2016-11-21[2017-06-11].https://www.ishuo.cn/doc/bufqxiqf.html.

[27] 王紫微，钟诚.玉皇山南基金小镇 打造全国首个"金融+旅游"小镇[N/OL].2017-02-09[2017-06-11].http://zjnews.zjol.com.cn/zjnews/hznews/201702/t20170209_3053324.shtml.

[28] 黄宇翔.数据揭秘：杭州基金小镇云栖小镇梦想小镇优秀在哪?[N/OL].2016-06-24[2017-06-19].http://biz.zjol.com.cn/system/2016/06/24/021201154.shtml.

[29] 丁伯康，郝中中.PPP模式在特色小镇建设中的运用研究[N/OL].2016-09-07[2017-06-12].https://www.ishuo.cn/doc/ydyskfqf.html.

[30] 贾康，孙洁.公司伙伴关系(PPP)的概念起源特征与功能[J].财政研究，2009(10).

[31] 罗宏斌.新型城镇化的内涵与意义[N].湖南日报，2010-02-20(03).

[32] 潘悦，刘媛，洪亮平.城市规划角色转变下的旧城改造规划策略研究[J].中国名城，2013(03).

[33] 李开孟.特色小镇运用PPP模式应遵循八大原则[N/OL].2016-12-14[2017-06-09].http://www.chinappp.cn/News/NewsDetail/4238.html.

[34] 徐光，黄云灵.千年酒国华丽归来 绍兴黄酒小镇打造"特镇经济"[N/OL].2016-05-24[2017-06-09].http://biz.zjol.com.cn/system/2016/05/24/021162631.shtml.

[35] 陈全苗，阮晓丰，傅正.黄酒小镇 尽情演绎"老绍兴 醉江南"[N/

OL].2016-05-25 [2017-06-10].http：//www.kaixian.tv/gd/2016/0525/335035.html.

[36] 朱敏 . 浙江"块状经济"发展特征、成因及启示 [N/OL].2016-02-24 [2017-06-19].http：//www.sic.gov.cn/News/455/5992.htm.

[37] 屈凌燕 . 浙江特色小镇成区域经济社会创新发展"领头羊" [N/OL].2017-02-11 [2017-06-16].http：//zjnews.zjol.com.cn/zjnews/zjxw/201702/t20170211_3070648.shtml.

[38] 邵婧彦 . 十大互联网特色小镇形成"创新矩阵" [N/OL].2016-11-16 [2017-06-17].https：//www.cnjxol.com/xwzx/jxxw/szxw/content/2016-11/16/content_3776077.htm.

[39] 李舟英 . 在乌镇看见世界互联网的未来"互联网 + 小镇"风景这边独好 [N/OL].2016-11-18 [2017-06-08].https：//www.cnjxol.com/xwzx/jxxw/szxw/content/2016-11/18/content_3778476.htm.

[40] 杨洁，郑小梅，许琴，等 . 嘉善西塘崛起"互联网通信小镇" [N/OL].2016-08-30 [2017-06-19].http：//zjnews.zjol.com.cn/zjnews/jxnews/201608/t20160830_1880764.shtml.

[41] 张海生，马国海 . 嘉兴秀洲打造智慧物流 [N/OL].2016-09-23 [2017-06-11].http：//news.hexun.com/2016-09-23/186157268.html.

[42] 欧林，邵坚 . 浙江嘉兴：光伏小镇成新型城镇标杆 [N/OL].2015-12-17 [2017-05-21].https：//www.cnjxol.com/xwzx/jxxw/qxxw/xz/content/2015-12/17/content_3523132.htm.

[43] 官建新 . 乌镇：一个江南小镇的"互联网春天" [N]. 科技日报，2016-11-

12（03）.

［44］皮天雷，赵铁 . 互联网金融：范畴、革新与展望［J］. 财经科学，2014（6）.

［45］张玎，高静玮 . 金融、电子商务 杭州西湖区又将冒出一大波特色小镇［N/OL］.2015-07-13［2017-05-16］.http：//biz.zjol.com.cn/system/2015/07/13/020735700.shtml.

［46］许冰洲，陈丽燕，张文术，等 . 南湖基金小镇加速"让梦想照进现实"［N/OL］.2017-02-20［2017-06-19］.https：//www.cnjxol.com/xwzx/jxxw/szxw/content/2017-02/20/content_3842146.htm.

［47］方霞 . 南湖基金小镇 7 年再造一个互联网金融小镇［N/OL］.2015-12-16［2017-06-12］.https：//www.cnjxol.com/topic/2ndwic/content/2015-12/16/content_3521880.htm.

［48］李莉 . 德国：小镇大业——产业小镇的德国模式［N/OL］.2017-03-07?［2017-06-16］.https：//sanwen.net/a/wwpqsqo.html.

［49］产镇融合，看国外如何打造特色小镇［N/OL］.2017-02-07［2017-06-18］.http：//tj.jjj.qq.com/a/20170207/019683.htm.

［50］乐冬 . 香水之都——法国格拉斯小镇［N/OL］.2016-10-28［2017-06-18］.http：//www.archcy.com/focus/The%20characteristic%20town/ae94864f32eb42e2.

［51］柯敏 . 国外产业特色小镇怎样造？［N/OL］.2015-05-13［2017-06-15］.http：//www.sohu.com/a/14858983_115959.

［52］王文 . 格林威治的"特色"是怎样炼成的［N/OL］.2016-12-02［2017-06-18］.

http：//news.xinhuanet.com/mrdx/2016-12/02/c_135874780.htm.

［53］林瑜胜．特色小镇“特”到好处［N］．经济日报，2017-01-25（13）．

［54］梁洁，潘婷婷．梦想小镇：创新创业在这里起航［N/OL］.2016-12-02［2017-06-16］.http：//hznews.hangzhou.com.cn/chengshi/content/2016-12/13/content_6417427.htm.

［55］陈爽，柳丹翼．德清地理信息小镇和它的产业传奇［N］．浙江日报，2015-05-14（9）．

［56］宋显晖．唐家湾打造“互联网+”特色小镇2年内年产值超500亿［N］．珠海特区报，2016-06-17（6）．

［57］顾周皓．互联网让特色小镇更智慧［N/OL］.2016-11-18［2017-06-07］.http：//www.cnjxol.com/xwzx/csjxw/content/2016-11/18/content_3778521.htm.

［58］蒋梦惟，张畅．北京特色小镇建设未来五年将加速跑［N/OL］.2016-08-29［2017-06-06］.http：//www.bbtnews.com.cn/2016/0829/159360.shtml.

［59］尹晓朦．房山区试点新型城镇化　多数工程2020年前竣工8个重点区域将建特色小镇［N/OL］.2016-12-08［2017-06-06］.http：//sqb.ynet.com/html/2016-12/08/content_230529.htm?div=3.

［60］尤蕾．天津探路特色小镇建设：让小空间承载大战略［N/OL］.2017-01-12［2017-06-03］.http：//news.chinaxiaokang.com/dujiazhuangao/2017/0112/158613.html.

［61］彭运辉．特色小镇：河北后来居上的“三大优势”［N/OL］.2016-08-23

［2017-06-16］.http：//bhc.hebei.com.cn/system/2016/08/23/017228937.shtml.

［62］姚建莉．“特色小镇”风席卷长三角：一场产城融合新实验［N/OL］.2016-06-27［2017-06-08］.http：//business.sohu.com/20160627/n456402983.shtml.

［63］刘朝晖．特色小镇：新城镇化模式［N/OL］.2017-03-03［2017-06-09］.http：//www.dcitycn.org/article.php?id=123.

［64］刘乐平，韩彬．浙江37个特色小镇成绩单　去年完成固定资产投资477亿［N/OL］.2016-03-25［2017-06-01］.http：//zjnews.zjol.com.cn/system/2016/03/25/021080990.shtml.

［65］黄子懿．乔润令：特色小镇要产业立镇，防止房地产化！［N/OL］.2017-01-14［2017-06-22］.http：//china.caixin.com/2017-01-14/101044045.html.

［66］廖睿，彭严，代家杰，张吉宁.PPP模式在特色小镇项目中的运用［N/OL］.2017-03-04［2017-05-29］.http：//www.sohu.com/a/127841778_481621.

［67］杨艳，潘婷婷．拱墅运河财富小镇：“金融活水”撬动区域经济的转型发展［N/OL］.2017-01-18［2017-05-22］. http：//hznews.hangzhou.com.cn/jingji/content/2017-01/18/content_6446565.htm.

［68］战冬梅．国内知名旅游小镇开发模式分析［N/OL］.2016-08-29［2017-06-16］.https：//www.ishuo.cn/doc/dqzenfqf.html.

［69］陈丹梅，王雅蓝．柯岩110亿元打造“酷玩小镇”［N］．柯桥日报，2015-07-31（03）.

[70] 侯洁如，周慧敏．绍兴市柯桥酷玩小镇：以“酷”的名义玩转休闲时尚 [N/OL].2016-11-21 [2017-06-16].http：//www.zjcenn.cn/a/gzgq/sx/2016/1121/20940.html.

[71] 仇保兴：特色小镇的“特色”要有广度与深度 [N/OL].2017-01-11 [2017-06-22].http：//topics.gmw.cn/2017-01/11/content_23451815.htm.

[72] 常晓华，屈凌燕，王政．特色小镇是什么？——浙江全面推进特色小镇创建综述 [N/OL].2016-02-28 [2017-06-18].http：//news.xinhuanet.com/local/2016-02/28/c_1118181253.htm.

[73] 王晓桐，张洎．香河机器人小镇荣获河北省首批特色小镇称号 [N/OL].2017-03-06 [2017-06-19].http：//www.lfcmw.com/content/2017-03/06/content_567206.htm.

[74] 张弛.PPP与特色小镇 [N/OL].2017-01-19 [2017-06-23].http：//www.jiemian.com/article/1079267.html.

[75] 李安，睢媛媛．红色圣地——河南竹沟镇 [N/OL].2016-11-08 [2017-06-19].http：//www.ha.xinhuanet.com/uavgundong/20161108/3516060_c.html.

[76] 李云．解码中国首批特色小镇——红色“小延安”，河南竹沟镇 [N/OL].2017-01-20 [2017-05-16].http：//m9.baidu.com/feed/data/landingpage?dsp=wise&nid=10075480396235591812&n_type=&p_from=4.

[77] 张新义．竹沟镇入选首批中国特色小镇 [N/OL].2016-10-17 [2017-05-18].http：//www.zmdnews.cn/showinfo-31-383140-0.html.

[78] 欧陆风情的嘉善巧克力甜蜜小镇 [N/OL].2015-06-24 [2017-05-20].http：//n.cztv.com/news2014/988903.html.

[79] 深度剖析，特色小镇的十大类型 [N/OL].2017-03-01 [2017-05-16]. http://www.vccoo.com/v/1w89w4?source=rss.

[80] 孙吉晶，袁信禄，陈云松，等.建设宁海智能汽车小镇 打造宁波“工业客厅”[N].宁波日报，2016-02-15 (A8).

[81] 王银宁，董新昆.宁波南部滨海新区崛起智能汽车小镇 [N].今日宁海，2015-10-29 (01).

[82] 包凌雁，陈云松，董新昆.宁海智能汽车小镇：梦想照进现实 [N].宁波日报，2016-09-20 (A10).

[83] 方李敏.京津冀如何发展特色小镇? 冯奎“有话说”[N/OL].2017-01-19 [2017-05-20].http://hb.jjj.qq.com/a/20170119/033059.htm.

[84] 长沙市《决策咨询》编辑部.杭州湖州嘉兴绍兴四市特色小镇调研报告 [N/OL].2016-06-30 [2017-05-20].http://www.chinathinktanks.org.cn/content/detail?id=2992666.

[85] 蔡俊.宁波新增四个省级特色小镇 [N].现代金报，2016-01-30 (A4).

[86] 吴景邦.北滘特色小镇样本领跑全省 [N/OL].2016-10-17 [2017-06-22]. http://www.foshannews.net/sd/sdtt/201610/t20161017_44003.html.

[87] 郑奕纯，黄才文.探路特色小镇的北滘故事 [N/OL].2016-08-15 [2017-06-19].http://www.citygf.com/sd/zj/bj/201608/t20160815_30462.html.

[88] 徐庭芳.专家：特色小镇如果没有特色产业，发展不起来 [N/OL].2017-03-13 [2017-06-12].http://www.infzm.com/content/123411.

［89］唐虹，熊湘怡，付光宇，等．我国特色小镇建设初显成效 成我国经济发展新引擎［N/OL］.2017-03-22［2017-06-09］.http://www.chinathinktanks.org.cn/content/detail/id/3015077.

［90］张蔚文．创建特色小镇中的政府功能定位［J］．浙江社会科学，2016（3）．

［91］马岩．发展特色小镇需吸引多元化投资主体［N/OL］.2017-03-14［2017-06-08］.http://news.xinhuanet.com/house/2017-03-14/c_1120621023.htm.

［92］唐虹，熊湘怡，付光宇，等．特色小镇持续发展需“有产可依”［N/OL］.2017-03-13［2017-06-09］.http://www.cs.com.cn/ssgs/fcgs/201703/t20170313_5205590.html.

［93］曹天一，李骁．厉害了！曲阜市尼山镇入选省级特色小镇［N/OL］.2017-03-02［2017-06-23］.http://jining.sdchina.com/show/4057400.html.

［94］特色小镇需坚持十项基本要求，防止盲目造镇［N/OL］.2017-03-24［2017-06-12］.http://www.sohu.com/a/130040552_654278.

［95］张文辉．特色城镇：新型城镇化建设的“独特”担当［N/OL］.2017-03-28［2017-06-23］.http://www.planning.org.cn/news/view?id=6438.

［96］郝杰．特色小镇：PPP 的新战场［J］．中国经济信息，2017（7）．